Walbert Bühlmann · Gottes ungeheures Risiko

D1868010

Walbert Bühlmann

Gottes ungeheures Risiko

Notizen zur Weltgeschichte

Kösel

CIP-Titelaufnahme der Deutschen Bibliothek

Bühlmann, Walbert:
Gottes ungeheures Risiko: Notizen zur Weltgeschichte / Walbert Bühlmann. – München: Kösel, 1989
ISBN 3-466-36329-2

©1989 by Kösel-Verlag GmbH & Co., München
Printed in Germany. Alle Rechte vorbehalten
Druck und Bindung: Kösel, Kempten
Umschlag: Bine Cordes, Weyarn
ISBN 3-466-36329-2

Inhalt

Vorwort: Vom Risiko unserer Welt

Stephan Zweig schrieb in seinem Buch »Sternstunden der Geschichte« (Frankfurt a.M. 1976), die Künstler seien nicht in jedem Augenblick Künstler, sie hätten nur von Zeit von Zeit ihre Blitzinspirationen. So »müssen immer Millionen müßige Weltstunden verrinnen, ehe eine wahrhaft historische, eine Sternstunde der Menschheit in Erscheinung tritt«. Er machte uns dann mit zwölf solcher Ereignisse vertraut, alle aus diesem Jahrtausend, alle aus der westlichen Geschichte.

Ich spanne nun den Bogen weiter und stelle dreizehn »Sternstunden«, von der Urzeit an bis heute, von Kontinent zu Kontinent, ins Rampenlicht; Ereignisse, die zeigen, daß die Menschheitsgeschichte sich nicht wie ein langweiliger Strom dahinwälzt, sondern immer wieder belebt wird durch Überraschungen, die Geschichte gemacht haben, in die Geschichte eingegangen sind, weil sie neue und nachwirkende Epochen eröffnet haben.

Die Auswahl aus der Unzahl solcher Ereignisse bleibt natürlich eine Ermessenssache und erhebt keineswegs Anspruch auf Vollständigkeit. Aus der ersten Phase, die in Jahrmilliarden und Jahrmillionen verlief, ist natürlicherweise wenig Konkretes zu sagen. In der zweiten Phase, wir laufen jetzt im Jahrtausend- Tempo, passierte z.B. vom 4. bis zum 13. Jahrhundert weit mehr Bemerkenswertes: die Völkerwanderung, der Untergang des Römischen Reiches, die Ausstrahlung des heiligen Benedikt, der mit seinen Mönchen die wandernden Stämme zur Seßhaftigkeit und zum Christentum brachte. Aber all das war ein langer Aufstieg zum Hochmittelalter, aus dem Franziskus, als einer von vielen, dargestellt wird. – Zwischen dem 16. und 20. Jahrhundert wäre natürlich die Französische Revolution zu erwähnen gewesen; sie wird im Kapitel über die Menschenrechte aufgearbeitet. Die letzten Jahrzehnte kommen ausführlicher zur Sprache und machen uns bewußt, daß wir in einem beschleunigten Tempo und in einer sehr dichten Phase der Geschichte zu leben das Privileg haben.

Die dreizehn ausgewählten Sternstunden sind zum kleineren Teil – wenn auch nicht blinde, sondern erstaunlich klar gezielte – Naturereignisse. Es handelt sich vorwiegend um Ergebnisse menschlicher Geistes- und Willenskraft, wodurch verantwortungsvolle Menschen in immer neuen Schüben neue Elemente in die Geschichte hineinbrachten, freilich nicht bloß dank menschlichen Planens, sondern nicht selten durch plötzliche Inspirationen, wodurch »qualitative Sprünge« geschahen, die sich aus den bisherigen Voraussetzungen nicht voll erklären lassen. Oft aber sind es mühsame Prozesse, die erst zu einer bestimmten Zeit ihren feststellbaren Höhepunkt erreichten. Das lehrt uns, mit der Geschichte Geduld zu haben und, wenn sich Träume nicht wunderartig verwirklichen, auch kleine Schritte nicht geringzuachten. Sogar fast ausweglose Situationen rufen uns zum Trost ein Prinzip der Evolution in Erinnerung, daß in der Bedrängnis größter Turbulenzen, von Konvulsionen und Explosionen, höhere Formen des Lebens entspringen.

Im Titel wird bewußt nicht von Weltgeschichte gesprochen. Denn die Weltgeschichte, wie sie in den Büchern steht – abgesehen davon, daß damit meist nur europäische Geschichte gemeint war – strotzt von Stammes- und Städte-, von Länder-, Kolonial- und Weltkriegen. Ich hingegen berichte von Erwartungen, Enttäuschungen und immer neuen Aufbrüchen der Menschheit. Gottes ungeheures Risiko mit dieser Geschichte lag schon von Beginn auf der Hand. Denn einen freien Menschen erschaffen, heißt auch, seine Möglichkeit zum Bösen, bis zur Brutalität, in Kauf nehmen. Das Risiko ist bis heute mit Händen zu greifen und droht geradezu, nach dem Urknall einen Endknall auszulösen und Menschheit und Schöpfung auszulöschen. Trotzdem hat Gott offenbar

sein Experiment bis zum Ende durchgedacht und hat – so hoffen wir – gefunden, daß es sich, aufs Ganze gesehen, lohnt.
So merkt einer, der ein Gespür dafür hat, im Ablauf der dreizehn Sternstunden fast eine geheime List des Schöpfergeistes heraus, eine durchgehende Britsanz, einen verborgenen und zugleich durchsichtigen Hoffnungssinn des Ganzen. Johannes XXIII. besaß dieses Gespür, als er in der Eröffnungsrede des Konzils – im Gegensatz zu den »Unglückspropheten«, die alles in der damaligen Welt und Kirche (das gälte auch heute wieder!) als »Untergang und Unheil« deuteten und darüber jammerten – vom »verborgenen Plan der göttlichen Vorsehung« sprach, die durch den »Ablauf der Zeiten und durch die Werke der Menschen hindurch ihr eigenes Ziel verfolgt«.
Daß Martin Luther neben Franz von Assisi steht und Michail Gorbatschow neben Johannes XXIII., läßt etwas von solchen »Streichen« des Heiligen Geistes ahnen, verrät auch ein neues, versöhnendes Denken, eine verblüffende und mutmachende Art, mit Geschichte umzugehen, die dieses Buch – hoffentlich – kennzeichnet.
Für durchschnittliche Leserinnen und Leser sind wahrscheinlich konkrete Alltagsereignisse viel wichtiger. Aber vielleicht verlieren diese etwas von ihrer exzessiven und oft depressiven Wichtigkeit, wenn man sie als kleine Wellen im großen Strom der immer faszinierenden Menschheitsgeschichte versteht und sie verstaut in Gottes immer gut auslaufendem Risiko.

Kapuzinerkloster, CH-6415 Arth *Walbert Bühlmann*

00.00: Als der Urknall passierte…

Anfang und Ende des einzelnen Menschen sind gnädig in dunkle Bewußtlosigkeit gehüllt, ebenso Anfang und Ende der Welt. Bei allen Fortschritten der modernen Wissenschaften wissen wir äußerst wenig Genaues über den Ursprung wie über einen möglichen Untergang der Welt. Und doch versuchten die Menschen zu allen Zeiten, hinter diese Geheimnisse zu kommen.
So beginnt auch die Bibel, das klassische Buch der Menschheit, mit dieser Fragestellung und sagt die kühne These aus: »Am Anfang schuf Gott Himmel und Erde …« Man stellt sich also einen Anfang vor, bei dem noch Nichts war – außer Gott, wie es später Johannes im Prolog zu seinem Evangelium bestätigte: »Am Anfang war (bereits) das Wort, und das Wort war bei Gott, und das Wort war Gott« – Gott in seinem ewig undurchdringlichen Geheimnis! Und dieser Gott hatte einen Einfall, machte einen Ausfall, und schuf nun, offenbar aus dem Nichts, die Welt, Tag auf Tag, Schlag auf Schlag, zuletzt auch den Menschen. Das war natürlich in mythologischer, unkritischer Sprache ausgedrückt, wie damals üblich, aber man fand darin eine befriedigende Antwort auf die Urfrage des Menschen. Immerhin setzte sich das Buch Genesis des Alten Testaments klar ab von den Kosmogonien (Schöpfungsberichten) der umliegenden Völker, welche die Welt aus einem Kampf unter den Göttern oder aus einem Ausfluß aus Gott selbst entstehen ließen. Dabei wollte jenes Buch der Genesis natürlich nicht einfach den Wissensdurst stillen, sondern das existentielle Vertrauen des Volkes Israel in Jahwe stärken: Der Gott, der Abraham gerufen und Israel aus Ägypten geführt hatte, er hat auch am Anfang die Welt erschaffen. Er ist also der wahre Gott, der auch weiterhin mit seiner Macht bei seinem Volke bleiben wird.

In diesem Vertrauen fühlten sich Israel und das Volk der Kirche während Jahrhunderten relativ geborgen, bis vor gut 100 Jahren die aufgeklärte »Wissenschaft« die biblische Lehre zum Kindermärchen degradierte. Man behauptete nun, die ewige, also unerschaffene Materie mit ihren unveränderlichen Naturgesetzen durchschaut zu haben. Religion, ein Spätprodukt der menschlichen Entwicklung, erweise sich nun als überflüssig und werde im Zeitalter der Wissenschaft verschwinden wie die Fledermäuse vor der Morgenhelle. Noch 1970 gab J. Monod ein Buch heraus, das viele Köpfe verwirrte, weil da »nachgewiesen« wurde, daß alle Evolution einem Ineinandergreifen von Zufall und Notwendigkeit zu verdanken sei. Unser Schicksal sei nicht in die Hände eines gnädigen Gottes geschrieben, sondern wir sausten irrend im kalten All herum und müßten uns asketisch damit abfinden.
Doch die Bäume dieser »Wissenschaft« wuchsen, wie der Turm von Babel, nicht in den Himmel hinauf. Seit Jahrzehnten beschäftigen sich die besten und ehrlichsten Wissenschaftler mit den »alten« Fragen und reißen mit einem technischen Aufwand ohnegleichen Horizonte auf, daß einem Hören und Sehen vergeht und nur noch das Staunen bleibt. Das geozentrische Weltbild der Bibel, wonach die Erde als Scheibe im Zentrum stand, überwölbt vom Himmel mit Sonne, Mond und Sternen, wurde abgelöst vom heliozentrischen Weltbild der Kopernikus und Galilei: mit der Sonne im Zentrum, um die sich die Erde als Kugel dreht. Auch diese Vorstellung muß heute dem kosmischen Weltbild weichen, in dem unsere Milchstraße nur wie eine ganz kleine Vordergrundverzierung erscheint.
Was würde heute der Prophet Jesaja sagen, der schon damals das Volk ermahnte: »Hebt eure Augen in die Höhe und seht: Wer hat die Sterne dort oben erschaffen? Er ist es, der ihr Heer täglich zählt und herausführt, der sie alle beim Namen ruft« (Jesaja 40,26)? Man sagt uns heute, daß die Milchstraße, in der wir mit bloßem Auge an die 7000 Sterne erblicken, tatsächlich aus rund 200 Milliarden Sonnen besteht und einen Raum füllt, daß das

Licht, das in der Sekunde 300 000 Kilometer zurücklegt, an die 100 000 Jahre braucht, um von einem Ende zum andern zu gelangen. Nun aber soll es Millionen, man spricht schon von Milliarden, Galaxien geben, von denen eine jede an die 20 bis 200 Milliarden Sonnen (Fixsterne) zählt. Die entferntesten erscheinen in den Riesenteleskopen nur wie kleine Spiralnebel, ein paar Stäubchen. Wie groß mag nun das ganze All sein? 1972 hatte man einen Quasar (Radiostern) entdeckt, für den man die Entfernung von 16 Milliarden Lichtjahren berechnete. Man glaubte, an den »Rand des Universums« vorgestoßen zu sein, Nun aber ist 1982 ein Team von Astronomen einem neuen Quasar auf die Spur gekommen, der die Energie von etwa 100 Milliarden unserer Sonne haben soll und in einer Entfernung von 18 Milliarden Lichtjahren kreist.

Auch damit ist noch nicht das letzte Wort gesagt. Die Astrophysiker vermuten heute, daß 90, ja 99 % der wirklichen Materie im Universum keine Strahlen sendet und darum für uns unsichtbar bleibt und sich nur indirekt, durch die Wirkung der Gravitation (Schwerkraft), verrät. Die Universitäten wetteifern miteinander im Bau von immer leistungsfähigeren Teleskopen. Der neueste »Schlager« ist das 11 Tonnen schwere Weltraumteleskop, mit einer Linse von 2,4 Meter Durchmesser, das voraussichtlich 1990 ins All hinausgeschleudert wird, damit man so die Sterne viel klarer, nicht mehr durch die dreckige Scheibe der Erdatmosphäre hindurch, ins Auge bekommen kann. Man hofft dadurch auch die »dunklen Löcher« im All noch zu erforschen und wiederum in ungeahnte Tiefen vorzudringen. Höchstwahrscheinlich bildet »unser« Universum nur einen Teil eines noch nicht bekannten Mega-Universums, an dessen Grenzen man wahrscheinlich überhaupt nie gelangen wird.

Diese Unzahl von Gestirnen sind nicht als fertige Leuchtkörper in den Himmel geworfen worden. Sie sind, fast wie ein menschlicher Embryo, durch verschiedene Phasen bis zu ihrem heutigen Stadium gewachsen. Ihr Urstoff bestand aus reinem Wasserstoff,

dem leichtesten aller Elemente, der sich im Lauf von Jahrmilliarden im Schmelztiegel von 500 Millionen Grad Hitze allmählich in Helium »umbacken« ließ, dann in Kohlenstoff, Sauerstoff usw. Es war hier eine unbändige »Lebenskraft« am Werk, die sich Zeit ließ, aber zielstrebig ihren Verlauf nahm, eine wilde Atomschlacht, in der Atome zertrümmert und neu zu den 92 schwereren Elementen aufgebaut wurden, von denen wir unterdessen Kenntnis haben. So sind also durch einen apokalyptischen Dauerprozeß von Entstehen und Sterben, von Glühen und Verglühen, von Kondensieren und Explodieren hindurch die verschiedenen »Generationen von Sternen« (H. v. Ditfurth), die verschiedenen »Rassen von Sternen« (W. Baade) ins Dasein getreten, die wir privilegierten Menschen von heute im All entdecken und mit ihren Stammbäumen studieren können.
Eine weitere Erkenntnis: Diese Sterne und Sterngebilde schweben nicht einfach im ewigen Kreis herum, sondern sie entfernen sich mit einer Geschwindigkeit von etwa 23 Sekunden-Kilometern auseinander, so daß der Weltraum zusehends größer wird. Diese Fluchtgeschwindigkeit kann man nun gedanklich zurückdrehen. So kam man zur Theorie des Urknalles, daß an einem Uranfang diese ganze Masse von Materie beisammen gewesen sein muß, ein »Uratom«, ein Urfeuerball von ungeheurer Dichte und Schwere; ein Kubikzentimeter, die Größe einer Kirsche, hätte 400 Millionen Tonnen gewogen. Das alles soll vor 13, vor 18 Milliarden Jahren geplatzt sein und soll dann in immer größeren Schleifen den Weltraum erfüllt haben. Ob auf den Urknall in einer sehr fernen Zukunft ein Erlahmen der Energie oder ein Endknall, ein Zusammenbruch des Alls, folgen wird, oder ob, wie das britische Genie Stephen Hawking neuestens lehrt, die Bewegung im All eine Schleife ohne Anfang und ohne Ende darstelle und sich im ewigen Rhythmus, wie eine Lunge, ausdehnt und zusammenzieht, darüber wird man noch lange rätseln.
Nun zur eigentlichen Frage: Woher stammte diese Urmaterie? Wurde sie eines Tages von Gott geschaffen? Das kann man sich

so nicht vorstellen. Lag sie von Ewigkeit einfach da? Das kann man sich ebenso wenig ausdenken. Wir können nur den Urknall irgendwie orten, aber wohl nie erfahren, was hinter ihm liegt. Mit ihm, mit diesem grandiosen »Count down«, bei diesem Punkt 00.00, begann die Weltuhr zu ticken und machten sich Zeit, Bewegung und Weltgeschichte auf den Weg. Und heute nun fängt der Mensch auf diesem verlorenen Planeten Erde an, als Reporter jenem Geheimnis nachzustöbern, das uns noch nach den Jahrmilliarden mit seiner faszinierenden Aktualität in den Bann zieht.
Nicht weniger faszinierend als der Makrokosmos erweist sich der Mikrokosmos. Auch hier öffnen sich dank der neuen Techniken immer neue Schächte in die Tiefen dieser kleinsten Welt. Mir wurde dies bewußt bei einem Besuch im CERN (Europäisches Nuklear- Forschungszentrum) in Meyrin bei Genf, wo 3500 Leute beschäftigt sind, je ein Drittel davon Atomphysiker und Elektroingenieure, die mit einem Jahresaufwand von 800 Millionen Schweizer Franken in 42 Laboratorien ihren Experimenten nachgehen, um die Fragen beantworten zu können: Welches sind die letzten Teilchen der Materie, wie funktionieren sie, was hält somit die Welt im Innersten zusammen? Dazu braucht man Maschinen von 3000 Tonnen Gewicht, löst man die größtmöglichen elektrischen Entladungen aus, hat man die 6,5 Kilometer lange ringförmige unterirdische Tunnelanlage mit einer neuen von 27 Kilometer Umfang ersetzt als Beschleunigerring, um jene kleinsten Teilchen aufeinander loszuschießen und noch mehr zu zertrümmern.
Im CERN erhalten die Besucher zuerst eine Unterrichtsstunde in Atomphysik, wovon der »Laie« wohl nicht allzuviel versteht. Sehr vereinfacht kann man so sagen: Zuerst entdeckte man in der groben Materie die Zellen, dann in den Zellen die Moleküle, schließlich in den Molekülen die »Atome«, die letzten unteilbaren Teilchen, wie man meinte, die bereits zehntausendmal kleiner sind als ein tausendstel Millimeter. Aber auch diese »unteilbaren« Atome erwiesen sich wieder als höchst komplizierte

Gebilde, zusammengesetzt aus Neutronen, aus positiv geladenen Protonen und negativ geladenen Elektronen, die in Blitzesschnelligkeit um den Atomkern kreisen wie Planeten um die Sonne. Aber auch diese Teilchen wie der Atomkern selbst können wiederum gespalten werden und so halten Entdeckerjagd und Entdeckerfreude unvermindert an. 1981 gab das CERN bekannt, daß es mit Hilfe von 14 Physikern und 30 Technikern in dreijähriger Arbeit gelungen sei, ein neues Teilchen des Atoms zu identifizieren und zu fotografieren, das man wegen seiner bezaubernden Gestalt »Schönheit« nannte. 1983 konnte man melden, wieder einen neuen Partikel »Z-Zero« entdeckt zu haben, was als der größte Erfolg in der seit 25 Jahren andauernden Forschungsarbeit des Zentrums gewertet wurde. Aber schon 1984 überraschte man die Welt wiederum mit der Neuigkeit, eine Gruppe von 151 Wissenschaftlern hätte den Nachweis des Quarks »t-top« erbracht und damit erstmals experimentell aufgezeigt, was man bisher nur theoretisch vermutet hatte.
Da sich diese kleinsten Teilchen beim beschleunigten Aufeinanderprallen in Energie auflösen, läuft also bei diesen Kollisionen die Entstehung des Weltalls en miniature in umgekehrter Richtung ab. Beim Urknall entstand – nach der Formel von Einstein – aus Energie Materie. Hier verwandelt sich Materie in Energie. Die Forschungen in Genf haben also auch mit dem Geheimnis um den Urknall zu tun.
Ich stellte dem uns begleitenden Professor verschiedene Fragen: »Suchen Sie auch zu erklären, wie es kommt, daß die Urelemente des einzelnen Menschen, das männliche Sperma und das mütterliche Ei, so viel Information gespeichert haben, daß für Tage, Wochen, Monate, Jahre hinaus der Ablauf des neuen Lebens programmiert ist und nicht ein Serienmensch, sondern ein ganz bestimmtes Individuum entsteht?« Der Befragte lächelte: »Auf so komplizierte Probleme können wir uns nicht einlassen. Wir begnügen uns mit den einfachsten Strukturen der Materie. Ihre Frage müßten Sie einem Gen-Spezialisten stellen.«

Weitere Frage: »Hoffen Sie, mit diesem Riesenaufwand für die Industrie etwas herauszubringen, neue Techniken zu entwikkeln?« Antwort: »Unsere Forschung ist absolut zwecklos. Wir möchten einfach wissen, wie es um die Materie steht, Wissen um des Wissens willen. Damit ist nicht bestritten, daß indirekt z.B. für die Elektrotechnik praktische Resultate herausschauen, zumal über 3000 zusätzliche Wissenschaftler aus rund 200 Forschungsstätten zeitweise unsere Anlage für ihre konkreten und teilweise auch praktischen Forschungen benützen.«

Dritte Frage: »Wie sehen Sie die Zukunft Ihrer Jagd nach den letzten Teilchen der Materie?« Antwort: »Wir sind uns nicht einig. Die einen glauben, daß man eines Tages am Ziel ankomme und dann könne sich die Forschung den komplexeren Geschehen in Astronomie, Physik, Biologie zuwenden. Andere hingegen halten dafür, daß es endlos immer neue Entdeckungen und Überraschungen in der Welt der kleinsten Elementarteilchen geben werde. Die dritte Gruppe schließlich vermutet, daß man eines Tages an Grenzen stoße, die man aus finanziellen, technischen und intellektuellen Gründen nicht mehr überschreiten könne, obwohl man wisse, nicht am Ende zu sein.«

So steht der ungeheuer gescheite moderne Mensch doch wieder ganz klein vor der Welt der winzigen Atome wie vor jener der überwältigenden Gestirne. Immerhin, durch unser immer größeres Wissen »hat der Weltraum, durch den wir mit dem Sonnensystem reisen, für uns ein neues Gesicht bekommen. Er ist nicht mehr die kalte, lebensfeindliche Leere, in der wir als beziehungsloser Zufall zu existieren glaubten. Er ist *unser* Weltraum. Er hat uns hervorgebracht und er erhält uns am Leben. Wir sind seine Geschöpfe. Das kann uns Vertrauen geben, auch wenn wir zugestehen müssen, daß es niemand gibt, der uns sagen könnte, wohin die Reise geht.« So schließt H. v. Ditfurth sein lesenswertes Buch über das Weltall.

Also die Bilanz: Je mehr die Wissenschaftler im Makro- und Mikrokosmos vordringen und der Schöpfung ihre Geheimnisse entlocken, desto mehr türmen sich neue und noch größere Geheimnisse auf, denen man wahrscheinlich nie beikommen wird. Bisher hatten wir nur die anorganische Materie im Blick. Wie muß erst das Staunen wachsen im Bereich der Molekularbiologie und Biochemie! Der einst so selbstsichere Wissenschaftler wird kleinlaut und sprachlos. Aber statt in der Aporie, in der Ausweglosigkeit stecken zu bleiben, würde nun der logische Weg zum interdisziplinaren Gespräch führen, um neben der wissenschaftlichen auch die intuitive und die glaubensmäßige Wahrnehmungsweise zu Rate zu ziehen und sich im Verband aller staunenden, suchenden, ehrlichen Menschen zu fragen: Woher das alles? Wozu das alles? Hat diese Wunderwelt von Materie und Energie nicht zu tun mit Geist, mit dem beobachtenden und fragenden Menschengeist, und als Antwort, die sich nahelegt, ja aufdrängt, mit einem planenden, ordnenden Weltgeist, einem Weltgrund, einem Welturheber, einem vor und über und in der Welt anwesenden Gott? Für diesen reibungslos funktionierenden Mechanismus des Weltgeschehens »den allmächtigen Zufall herbeizurufen, ist nicht nur die billigste, sondern auch die ungeheuerlichste aller Erklärungen« (Z. Bucher).

Beim Mammuttreffen »Materie und Natur« in Hannover 1988 stellte man als Ergebnis fest, daß Religion und Naturwissenschaft sich aufeinanderzubewegen. H. Jonas formulierte es so, Materie sei virtuell bewußtseinsfähige Natur oder schlafender Geist, aber »die wirklich erste, die schöpferische Ursache von schlafendem Geist kann nur wacher Geist sein«. Dann gilt also nicht länger die früher polemische Alternative: Entwicklung durch die Materie statt Schöpfung durch Gott oder aber Schöpfung statt Entwicklung, sondern nun neu: Erschaffung als die in Entwicklung fortdauernde Schöpfung.

Dann hätten also die biblischen Texte auf eine viel grandiosere Weise recht, nämlich daß »am Anfang« einer da war, der »schuf«, und zwar nicht nur ein kühner Weltgeist, ein überlegener Techniker-Geist, sondern zugleich ein liebender Gott und Vater, von dessen Ebenbild und Erstgeborenem gesagt wird: »In ihm wurde alles erschaffen, im Himmel und auf Erden; alles ist durch ihn und auf ihn hin geschaffen. Er ist vor aller Schöpfung, in ihm hat alles Bestand (Kolosser 1,15-18).

Jetzt wird also klar, daß es der Bibel nicht darum ging, den Wissensdurst über die Entstehung der Welt zu stillen – das überläßt sie der Wissenschaft –, sondern dem Menschen das heilsgeschichtliche Denken, die existentielle Grundhaltung nahezubringen, die ganze Schöpfung als grandiose Szenerie für das Welttheater zu verstehen, wo der Mensch, die Menschheit, an ihrer Spitze der Menschensohn Jesus, der Schöpfung die Sprache, das Bewußtsein leihen und sie im Staunen, Loben, Danken an den Schöpfergott zurückbinden und so den Kreis schließen sollte.

In dieser Schau hat Leben Sinn, gewinnt die kleine Spanne unseres Lebens Zukunft, ist der Mensch geborgen in der wunderbaren Schöpfung und im noch wunderbareren Schöpfer, wurde mit dem Urknall eine des Menschen und Gottes würdige Geschichte in Gang gesetzt, die, wie sie einen geheimnisvollen Anfang nahm, so auch ans geheimnisvolle, aber sichere Ziel kommen wird. Heute können sich Wissenschaftlicher und Theologen nur gegenseitig in dieser Schau bestätigen und bestärken.

999 999 vor Christus: Als die ersten Menschen auftraten ...

Daß man bei der zeitlichen Fixierung des Urknalles hilflos zwischen zehn und zwanzig Milliarden Jahren schwankt, verwundert nicht, denn damals stand ja kein menschlicher Reporter als Zeuge dabei. Über das Auftreten der ersten Menschen vertrat man aufgrund der biblischen Generationenreihe lange Zeit die unangefochtene These, Adam hätte 4000 Jahre v. Chr. gelebt. In den letzten fünf Jahrzehnten wurde die Spanne um das Zehn-, Hundert-, Tausendfache verlängert. Die Menschen, die damals der Uraufführung Mensch beiwohnten, haben uns natürlich kein datiertes Dokument hinterlassen.

So unmittelbar erfolgte freilich nicht der Sprung von der unbelebten Materie zum geistbegabten Menschen. Dazwischen lag der Sprung zum Leben. Pierre Teilhard de Chardin beschreibt die Abfolge so: Beim Punkt Alpha, dem Urknall, kam es zur Kosmogenese, zum Werden des Kosmos, und damit zur Kosmosphäre mit der Vielzahl der Gestirne. Als sich dann auf einem der kleinsten Randplaneten, auf unserer Erde, die atmosphärisch-chemischen Bedingungen so gestaltet hatten, daß Leben entstehen konnte, erfolgte die Biogenese, das Werden des Lebens, und die Biosphäre.

Aber schon stellt sich die Frage: Was ist eigentlich Leben und wie gelang der Sprung von der anorganischen zur organischen Materie? Man kann lediglich feststellen, daß es seit gut 3000 Millionen Jahren Bakterien, der ursprünglichste Zelltypus, gab, seit 300 Millionen Jahren Reptilien, seit 70 Millionen Jahren Säugetiere. Aber die eigentliche Frage nach dem Ur-Sprung des Lebens ist damit noch nicht erklärt. Man nimmt an, daß in der Uratmosphäre durch Einwirkung von ultravioletten Strahlen der Sonne und durch die elektrischen Entladungen eines Urgewitters aus komplexen Eiweiß-Molekülen die Urzeugung erfolgt sein muß. Man kann auch heute im Labor ähnliche Bedingungen schaffen. Auch ist die künstliche Synthese von Eiweißen gelungen. Aber diese sind nur die Bausteine zum Leben, nicht das Leben selbst. Den qualitativen Sprung ins Leben kann man noch nicht reproduzieren, so sehr man daran experimentiert. Die Natur hat ihr Geheimnis noch nicht preisgegeben.

Und als dann das Leben da war, regte es sich und entfaltete im Lauf von Jahrmillionen immer komplexere Formen, und zwar nicht nur einfach die Termiten und Ameisen, Vögel und Fische, sondern gleich 2000 verschiedene Arten von Termiten, 8600 verschiedene Arten von Vögeln, 20 000 verschiedene Arten von Fischen, 100 000 verschiedene Arten von Schnecken, 300 000 verschiedene Arten von Insekten … Und jedes einzelne dieser Lebewesen ist auf großartige Weise organisiert, um Ernährung und Fortpflanzung zu gewährleisten. Wiederum die Frage: Woher hat die Materie diesen Trieb, diese Veranlagung, diese Information zu so gezielten Programmen der Entfaltung? Man sagt, daß die DNS-Moleküle diese Information gespeichert haben. Das erklärt nur das Daß, aber nicht das Wie und Woher?

Ein ganz neuer und noch spannenderer Akt im großen Welttheater begann mit dem Auftreten der ersten Menschen. Wann das geschah, darüber streiten sich die Gelehrten seit Jahrzehnten. Seit 15 Jahren liegen sich die zwei führenden Paläanthropologen, der Amerikaner D. Johansen und der in Kenia geborene R. Leakey, regelrecht in den Haaren. Johansen stieß 1974 in der äthiopischen Afarsenke auf ein versteinertes Skelett, das von einer jungen Frau stammen mußte, der er den Phantasienamen Lucy gab. Ein Jahr später kamen am gleichen Ort die Überreste einer 13köpfigen Familie zum Vorschein. Sie sollen aus der Zeit vor 3 1/2 Millionen Jahren stammen und am Ursprung der menschlichen Ahnenreihe stehen, d.h. jene Linie von Hominiden (menschenähnliche Affen) darstellen, aus der dann der Mensch entstanden wäre: vor ungefähr zwei Millionen Jahren der Homo habilis (der schon Instrumente gebrauchte), vor gut einer Million Jahren der Homo erectus (mit aufrechtem Gang) und noch später der Homo sapiens (der philosophierte und dichtete). Demgegenüber vertritt Leakey vehement die Ansicht, die menschliche Ahnenreihe reiche viel tiefer zurück, sie soll sich schon vor fünf bis acht Millionen Jahren von den Hominiden getrennt haben. Leakey, dessen Eltern bereits vor 50 Jahren in der Oldowai-Bucht sensationelle Funde gemacht hatten, fand 1972 am Turkanasee den Schädel eines Homo habilis, dem das Alter von 2,9 Millionen Jahren zugeschrieben wurde.

Aufgrund der sehr dürftigen und fast zufälligen Unterlagen kann man noch für lange Zeit keine festen Aussagen machen. Jeder neue Fund kann die Berechnungen wesentlich modifizieren. Vorläufig hat der Wissenschaftler nur einzelne Steinchen eines Mosaiks zur Verfügung, worüber er sich freilich schon Gedanken machen und einen Entwurf herausdestillieren kann. Gegenwärtig dürfte die Meinung vorherrschen, daß der Ursprung des Menschen in Ostafrika festzusetzen ist, und zwar vor vielleicht zwei Millionen Jahren, wobei die Grenzen zwischen Hominiden, Homo erectus, habilis und sapiens natürlich sehr fließend sind.

Wichtiger als die Zeitbestimmung ist die grundsätzliche Frage: Was ist mit dem Auftreten der ersten Menschen in der Weltgeschichte geschehen? Sicherlich ist nicht bloß zusätzlich eine neue Art von Lebewesen auf die Bühne getreten, sondern die Schöpfung hat eine neue Qualität bekommen, indem nun ein denkendes Wesen nicht bloß um sich schaute, sich allen andern Wesen gegenübersah, sondern auch in sich, über sich schaute und sich Gedanken über das Woher, Wozu, Wohin machte. E. Fried schreibt: »Ein Hund, der stirbt und der weiß, daß er stirbt wie ein Hund und der sagen kann, daß er stirbt wie ein Hund, ist ein Mensch.« Teilhard de Chardin formulierte es so: »Als sich der

Instinkt eines Lebewesens zum erstenmal im Spiegel seines Selbst erblickte, machte die ganze Welt einen Schritt vorwärts.« Er nannte diesen Schritt Noogenese (Werden des Bewußtseins) und die neu erreichte Stufe Noosphäre.

Der Mensch bleibt zwar weiterhin dem Tierreich verhaftet. Er braucht wie sie Futter und pflanzt sich fort. Er besitzt in vorzüglichem Maß die Eigenschaften, die uns auch bei den Tieren durch die Verhaltensforschung besser bekannt geworden sind wie Lust und Unlust, Freude und Trauer, Schlauheit und Beobachtungsgabe. Trotzdem ist er mehr als ein bloßes Werkzeugtier. Der Sprung in die Intelligenz bleibt wie der Sprung ins Leben geheimnisumwittert. Er kann mit den bloßen Prinzipien der Evolution, mit Selektion, Mutation, Überleben des Stärkeren, nicht voll erklärt werden. Auch die zwei extremen klassischen Erklärungen erscheinen heute zu simpel: die materialistische, daß das Gehirn einfach Gedanken produziere wie die Niere Urin, und die spiritualistische, daß Gott bei jeder menschlichen Zeugung zusätzlich eine geistige und unsterbliche Seele erschaffe. Wer weiß es? Der Basler Zoologe A. Portmann glaubt, die Vorstellungen zur Herkunft des Menschen könne man nur jenseits der Grenzen der naturwissenschaftlichen Anthropologie finden: »Je stärker sich das Augenmerk des Forschers auf den geistigen Bereich richtet, desto deutlicher manifestiert sich das Unbehagen über die Ableitungen der neodarwinistischen Interpretation der Menschwerdung. Und es sind viele, die ohne jede Bindung an emotionell verankerte Glaubensformen das Geheimnis des Lebens und damit das des Menschen in einer Tiefe und Weite erahnen, welche die vom Neodarwinismus angebotene Ursprungslehre ausschließt.«

Der »Sprung in die Intelligenz« geschah nicht ruckweise, sondern glich vielmehr einem allmählichen Erwachen. Von den ein bis drei Millionen Jahren menschlicher Existenz verstrichen 99 % im primitivsten Nomadentum. Man lebte von der Hand in den Mund, sammelte Früchte und erlegte gewisse Tiere, schlief in Höhlen oder unter einem Windschirm. Erst vor ungefähr 10 000 Jahren

fingen einzelne Gruppen an, seßhaft zu werden, Landwirtschaft und Viehzucht zu treiben, feste Häuser, Dörfer, Städte zu bauen, später auch die Schrift zu entwickeln, hinterließen also Spuren, an denen man ihre Geschichte einigermaßen ablesen kann. Wollte man – als Phantasiezahl – 999 999 Jahre Menschheitsgeschichte in einem Buch darstellen und für je tausend Jahre eine Seite vorsehen, dann blieben 990 Seiten ganz weiß, weil man über jene lange Zeit nichts zu sagen hat, die letzten 9 Seiten seit der Seßhaftigkeit wären ganz locker geschrieben, während die moderne Geschichte von der Ausnutzung der Dampfkraft vor knapp 200 Jahren, der Elektrizität vor 150 Jahren bis zur schrecklichen Anwendung der Atomenergie seit Hiroshima 1945 auf acht Zeilen zusammengedrängt wäre. So winzig und zugleich so wichtig nimmt sich unsere gegenwärtige Spanne im größeren Zusammenhang aus.
Über solche wissenschaftlichen Erläuterungen hinaus kann sich der glaubende Christ sein ergänzendes Weltbild schaffen und sich vorstellen, daß Gott in seinem ewigen, unausdenkbaren Dasein einen Traum hatte: Er wollte einen Partner, ein Du schaffen, nach seinem Bild und Gleichnis, mit dem er in Dialog treten und sein Glück teilen könne. So geschah die Hominisation (Entstehung des Menschen) nicht ohne Gott. Wann immer, wie immer, wo immer es dazu kam, daß gewisse Lebewesen zum Selbstbewußtsein erwachten, da war Gott dabei. Viel später hat er seinen Namen geoffenbart als »Jahwe = Ich bin da, ich bin dabei, immer bereit, meinem Volk zu helfen«. Das war die ausdrückliche Kundgebung seines Wirkens von Anfang an. Er nahm damals jene Menschen und in ihnen die ganze Menschheit an und begleitete sie durch die Jahrhunderttausende. Aber auch die Menschen hatten einen Traum, ein Fragen, Suchen, Ahnen von einem Geheimnis über ihrem Leben, Gott, in dem sie ihre Lebensmitte, Halt und Hoffnung und Geborgenheit fanden. Religion gehört mit zur Grundverfassung des Menschen. Es ist jedenfalls nicht gelungen, auch nicht unter den primitivsten Ur-

einwohnern Amerikas, Afrikas, Asiens, religionslose Völker zu entdecken. Alle Menschen aller Zeiten haben immer religiös und Sinn-voll gelebt und in den Übergangsriten, bei Geburt, Ehe, Tod, bei Aussaat und Ernte die Harmonie Gott – Schöpfung – Mensch gefeiert.

Erst der moderne, aufgeklärte, technisch entwickelte Mensch zweifelt an Gott. Indem er ihn leugnet, macht er sich selber zum Herrn, zum Tyrannen der Schöpfung und vergreift sich an ihr ruchlos. An die Stelle der Kosmos-Theologie setzte er die Fortschritts-Ideologie, beutete die Rohstoffe der Natur rücksichtslos aus, ließ die Seen, den Wald und den Boden sterben und wird wahrscheinlich erst durch ökologische Katastrophen merken, daß er sich selber das Floß, auf dem er durch die Strömung der Zeit fährt, kentert. Er wird wohl »durch Schaden klug werden« und wieder zum sinnvollen Lebensstil zurückfinden. Der ganze Welttrend schließt Katastrophen nicht aus, aber schließt – so hoffen wir – nicht mit Katastrophen ab. Es werden immer wieder Lösungen gefunden werden müssen.

Durch die ganze Schöpfung klingt ein optimistischer Grundton, der von Teilhard de Chardin theologisch gedeutet wird mit der Aussage, daß noch die Christogenese als Vollendung folgen werde, daß alles auf den Punkt Omega hinlaufe, der erstmals in der historischen Gestalt Jesu von Nazaret faßbar in Erscheinung getreten ist, zugleich als Zentrum der Welt, als Wort Gottes, »durch das und auf das hin alles geschaffen wurde« (Kolosser 1,16). Christus wird bewirken, daß es immer mehr zur Planetarisierung, zur einen Menschheit, zum gemeinsamen Handeln in der Welt und an der Welt kommt. Gerade seine Jüngerinnen und Jünger sind berufen, nicht nur im Kult, sondern ebenso in der wissenschaftlichen Forschung das Lob Gottes zu singen, indem man in immer größere Bereiche des Makro- und Mikrokosmos vorstößt und die Transparenz, die Diaphanie, die Durchsichtigkeit Gottes in der Schöpfung für den Menschen von heute erkennbar macht. In solcher Schau kann man allen düsteren Zukunftsprognosen zum Trotz mit unverwüstlicher Zuversicht betonen, daß diese Welt und das Menschenleben, die sich tausendfach als sinnvoll erweisen, nicht in einem absurden Ende, in einem absoluten Tod ausgehen können.

In diesem Jesus von Nazareth hat Gott seinen »Supertraum« verwirklicht. Er wollte sich nicht mit dem Partner Mensch zufriedengeben, mit der Formel Gott *und* Mensch. Er überraschte die Menschheit mit der Formel Gott *gleich* Mensch und Mensch *gleich* Gott. Die Menschen hatten zwar im Paradies auf eigene Faust versucht, zu »sein wie Gott« (Genesis 3,5). Das mußte fehlschlagen. Jetzt aber wurde ihre Sehnsucht traumhaft überhöht in Jesus Christus, indem sie nun berufen und als Geschenk befähigt wurden, zu sein wie Gott, zu sein bei Gott, in seinem ewigen Geheimnis.

Das gilt nicht bloß für die Christen, sondern für alle Menschen. Das Neue Testament kennt zwar ein Scheidungsmodell: »Kommt her, die ihr von meinem Vater gesegnet seid, nehmt das Reich in Besitz ... Weg von mir, ihr Verfluchten, in das ewige Feuer ...« (Matthäus 25,31-41). Das hält uns an, uns die Sache nicht zu leicht zu machen und – so im Textfortgang – vor allem in jedem Menschen Jesus selbst zu sehen und entsprechend zu handeln. Es gibt daneben aber auch ein Einigungsmodell: »Dann kommt das Ende, wenn er (Christus) jede Macht, Gewalt und Kraft vernichtet hat und seine Herrschaft Gott, dem Vater, übergibt ... Wenn ihm dann alles unterworfen ist, wird er, der Sohn, sich dem unterwerfen, der ihm alles unterworfen hat, damit Gott herrscht über alles und in allem« (1 Korinther, 15, 23-28). Wir dürfen es Gott zumuten, daß er Wege und Mittel in der Hand hat, um alle seine Menschen früh oder spät, so oder so, einzuholen und heimzuholen. Wir Christen sind erst daran, die Geheimnisse der Schöpfung und des Heilsplanes Gottes zu ergründen, und sollen beides der Welt als Frohe Botschaft verkünden.

Mit dem Auftreten des Menschen ist eine faszinierende Geschichte in Gang gesetzt worden: Er wird nun zum Regisseur der weiteren Entwicklung, wie wir in den folgenden Kapiteln sehen werden. Gott ist ein ungeheures Risiko eingegangen, als er sich auf das Abenteuer Mensch einließ. Aber er hat die Angelegenheit offenbar bis zum Ende durchgespielt und gefunden, daß es sich, aufs ganze gesehen, lohne.

1 nach Christus: Als Jesus geboren wurde …

Wer nicht will, muß nicht an die Geschichten von den Engeln auf den Fluren Bethlehems, von den Weisen aus dem Morgenland, von der Flucht nach Ägypten glauben. Das können mythologische Ausschmückungen der eigentlichen Aussage sein, nämlich daß mit der Geburt Jesu Gott selbst sich auf einmalige, völlig überraschende Weise der Menschheit geschenkt hat.
Gewiß waren die Menschen von Uranfang an für das letzte Geheimnis ihres Lebens, das man Gott nennt, offen, aber zugleich immer auch verschlossen und widerspenstig. So gab es immer auch Sünde, Diebstahl, Lüge, Gewalt, Unzucht, unberechtigte Auflehnung gegen Autoritäten und gegen Gott. Aber selbst wenn die Menschen Gott aufgaben, hat Gott sie nicht aufgegeben. Die Kirche betet in der Liturgie: »Als der Mensch im Ungehorsam deine Freundschaft verlor und der Macht des Todes verfiel, hast du ihn dennoch nicht verlassen, sondern voll Erbarmen allen geholfen, dich zu suchen und zu finden. Immer wieder hast du den Menschen deinen Bund angeboten und sie durch die Propheten gelehrt, das Heil zu erwarten …«
In den ersten elf Genesis-Kapiteln sieht man die Völker, Generation um Generation, durch die Jahrhunderttausende schreiten. Jahwe zeigt sich immer als der Gott der gesamten und einen Menschheit, der zwar in der Sintflut die Verdorbenheit der Menschen bestraft, aber in Noah wieder den neuen Bund anbietet. Vom Kapitel 12 an wird das Blickfeld plötzlich verengt. Fortan dreht sich alles nur noch um einen Mann, Abraham, und dessen Nachkommenschaft. Er wird herausgerufen aus seinem bisherigen Hintergrund: »Zieh hinweg aus deiner Heimat, aus deiner Verwandtschaft, aus deinem Vaterhaus in ein Land, das ich dir

zeigen werde …« Fortan soll Gottes ganz besondere Zuwendung einem ganz bestimmten Volk, »seinem« Volk, gelten. Freilich ließ Gott jetzt schon und immer wieder klar durchblicken, daß auch diese besondere Heilsgeschichte immer im Blick auf alle Völker geschehe, daß er also um »seines Volkes« willen nie die andern Völker aus dem Auge verlor: »In dir sollen alle Geschlechter der Erde gesegnet sein« (Genesis 12,1-4).

So lief die Geschichte Israels, beginnend mit dem Abraham-Bund, gefolgt von der Knechtschaft in Ägypten und der Befreiung als der eigentlichen Großtat Gottes, mit dem Sinai-Bund, dem David-Bund, knapp 2000 Jahre lang. »Als aber die Zeit erfüllt war, sandte Gott seinen Sohn, geboren von einer Frau und dem Gesetz unterstellt, damit er die freikaufe, die unter dem Gesetz stehen, und damit wir die Sohnschaft erlangen« (Galater 4,4). So kam als Bestätigung, Vertiefung und Vollendung der bisherigen Bünde der Jesus-Bund, der Neue Bund, zustande; der Horizont öffnete sich wieder von einem Volk auf alle Völker, bis an die Grenzen der Erde.

Man kann das, als glaubender Christ, die Jesus-Wende nennen, den Angelpunkt der ganzen Heilsgeschichte, das »letzte«, überraschende, entscheidende Eingreifen Gottes zugunsten der Menschheit, den Anfang der Endzeit, die alles zur Vollendung führt, den radikalen Einschnitt in den Ablauf der Zeit, so daß man fortan in der christlichen Zeitrechnung die Geschichte einteilt in die Epoche vor und nach Christus – wobei es belanglos ist, daß sich der Mönch Dionysius Exiguus (470-550), von dem diese Berechnung stammt, in seinen Zahlen täuschte: Jesus wurde faktisch in den Jahren 4-7 vor Christus geboren.

In diesem Jesus-Ereignis verriet sich Gottes unübertreffliche Originalität. Er hat nicht mirakelhaft in den Lauf der Dinge eingegriffen und seine von den Propheten verkündete Heilsinitiative nicht mit einem Gewaltschlag den Menschen aufgezwungen. Jesus trat wie aus dem Dunkel heraus auf. Wo und wie er seine ersten 30 Jahre verbrachte, wissen wir nicht. Er besuchte offenbar keine Rabbinerschule wie Paulus, konnte aber immerhin lesen und schreiben. Er stand einfach eines Tages da, »lehrte in den Synagogen und wurde von allen gepriesen« (Lukas 4,15). Die tonangebende Schicht jedoch sah sich von diesem Emporkömmling in den Schatten gestellt und fragte skeptisch: »Woher hat er seine Weisheit und die Kraft, Wunder zu tun? Ist das nicht der Sohn des Zimmermanns? Heißt nicht seine Mutter Maria, und sind nicht Jakobus, Josef, Simon und Judas seine Brüder? Leben nicht alle seine Schwestern unter uns? Woher also hat er das alles? Und sie nahmen Anstoß an ihm und lehnten ihn ab« (Matthäus 13,54-57). Bereits bei seinem ersten Auftreten gerieten die Leute der Synagoge »alle in Wut. Sie sprangen auf und trieben Jesus zur Stadt hinaus; sie brachten ihn an den Abhang des Berges, auf dem ihre Stadt erbaut war, und wollten ihn hinabstürzen. Er aber schritt mitten durch die Menge hindurch und ging weg« (Lukas, 4,28-30).

Aber Jesus ließ sich nicht verwirren. Er zog als Wanderprediger umher und verkündete das Reich Gottes, diese unbedingte Huld und Liebe Gottes zu allen Menschen. Um diese wunderbare Lehre glaubwürdig zu machen, tat er überall Gutes, heilte die Kranken, sättigte die Hungernden, befreite die Besessenen, vergab den Sündern, antwortete den Fragenden und legte seinen Jüngerinnen und Jüngern nicht Gesetze auf, sondern legte ihnen Räte und Empfehlungen nahe, vor allem das einzige, das neue Gebot der Gottes- und Nächstenliebe. Er sandte seine Jünger aus, um seine frohe Botschaft weiterzutragen und gleicherweise überall Zeichen der Liebe Gottes zu setzen. Er konnte nur eine Kategorie von Menschen nicht leiden, jene, die ihre Nächsten »pharisäisch« verurteilten und verachteten und sie mit ihrem Gesetzesjoch niederdrückten, statt sie aufzurichten, damit sie den Vater preisen, der im Himmel ist. Leider kam seine Botschaft bei ihnen nicht an. Sie wollten ihn wiederholt vom Berg hinunterstürzen und brachten in schließlich im Verbund mit der herrschenden Besatzungsmacht ans Kreuz.

Damit hätte eigentlich seine Geschichte wieder im Dunkel verschwinden können wie die Geschichte so vieler anderer Propheten. Aber genau hier zeigt sich nun die große Überraschung Gottes, die einzigartige Sternstunde der Geschichte, der qualitative Sprung, den wir so gar nicht hätten ausstudieren und vorprogrammieren können.

Von diesem Kind, dem man die Herberge verweigerte und das dann in der Krippe lag, von diesem Mann, dem man keinen Glauben schenkte und der dann am Kreuze starb, fingen nun seine Jünger an zu sagen, er sei der »Messias«, der »Heilige Gottes«, der »Sohn Gottes«. Wie kann man das glauben? Der Verstand steht still. Aber die Botschaft bleibt unumstößlich. Wer es glauben kann, der glaube es. Und wer es glaubt, dem tut sich eine neue Welt auf. Der entdeckt beglückt, daß wir nicht als verlorene Wesen im All umherschwirren, sondern daß Gott uns in Jesus als seine Söhne und Töchter angenommen hat, daß wir nicht mehr umsonst nach Geborgenheit und Sinn suchen, sondern daß Gott uns in Jesus sein endgültiges Ja gesagt hat: »Gott ist treu, er bürgt dafür, daß unser Wort euch gegenüber nicht Ja und Nein zugleich ist, denn Gottes Sohn Jesus Christus, der euch durch uns verkündigt wurde, ist nicht als Ja und Nein zugleich gekommen; in ihm ist das Ja verwirklicht, er ist das Ja zu allem, was Gott verheißen hat« (Korinther, 1,18-20).

Gott ist also, wie die Kirchenväter sagten, in Jesus Mensch geworden, damit die Menschen Gott werden können. Damit sind die engen Grenzen des Menschseins, unter denen wir alle leiden, gesprengt. Wir nehmen teil an der unausdenkbaren Unbegrenztheit Gottes selbst. »Liebe Schwestern und Brüder, jetzt sind wir Kinder Gottes. Aber was wir sein werden, ist noch nicht offenbar geworden. Wir wissen, daß wir ihm ähnlich sein werden, wenn er offenbar wird; dann werden wir ihn sehen, wie er ist« (1 Johannes, 3,2).
In Jesus steht also der ideale, traumhafte Mensch als Wirklichkeit vor uns und ruft auch uns in seine Gefolgschaft und seine Gottessohnschaft. In ihm begegnet uns der höchste Fall mensch-

lichen Wesensvollzuges, indem sich Jesus voll und ganz in das absolute Geheimnis Gottes hineingab. Wie diese Einheit von Gottsein und Menschsein letztlich zu denken ist, können uns alle dogmatischen Aussagen nicht plausibel machen. Es genügt, sich diesem wunderbaren Geheimnis zu übergeben, sich diesem »Herzen der Welt« anzuvertrauen und sich mit H.U. von Balthasar die schönsten Erwägungen einfallen zu lassen: »Gott im Gehäuse eines Herzens: Welche Blöße hatte Gott sich gegeben, welche Torheit begangen. Er selber hatte die schwache Stelle seiner Liebe verraten. Das Herz hat ja keinen Verstand. Nur ein Herz konnte zu solchen Abenteuern aufgelegt sein – zu Verkennung und Verstoßung –, Torheiten, die man einem Verstand am besten gar nicht schildert, am besten ganz verschweigt, Torheiten des armen Herzens!«

Nicht genug mit diesem einen Einfall. Was Gott-Vater mit seinem Sohn geplant hatte, sich in ihm der Menschheit ganz zu verschenken, das wurde vom Sohn ebenso originell weitergeführt, daß er sich nach seinem kurzen geschichtlichen Auftritt in Palästina auf zweifache Weise für immer in Kirche und Menschheit gegenwärtig setzen wollte. Er verhieß: »Ich bin das Brot des Lebens. Wenn jemand davon ißt, wird er nicht sterben … Wer mein Fleisch ißt und mein Blut trinkt, hat das ewige Leben und ich werde ihn auferwecken am Letzten Tag. Denn mein Fleisch ist wirklich eine Speise und mein Blut ist wirklich ein Trank« (Johannes 6,48-55). Er hielt sein Wort und »nahm Brot, sprach das Dankgebet, brach das Brot und reichte es ihnen mit den Worten: Das ist mein Leib, der für euch hingegeben wird. Tut dies zu meinem Gedächtnis! Ebenso nahm er nach dem Mahl den Kelch und sagte: Dieser Kelch ist der neue Bund in meinem Blut, das für euch vergossen wird« (Lukas, 22,19 f.). Man kann diese Worte, so unglaublich sie tönen, nicht aus der Welt schaffen. Seither haben unzählige Christen über sie nachgedacht, daraus gelebt, so ihren Glauben gestärkt und dieser unsagbar geheimnisvollen Liebe ihre Gegenliebe geschenkt.

Jesus überbietet diesen äußerst originellen Einfall noch mit einer andern, ebenso unfaßlichen Überraschung: Er *solidarisiert* sich nicht bloß mit allen Menschen, vor allem mit den Armen und Verlassenen, er *identifiziert* sich völlig mit ihnen, so daß er beim Letzten Gericht sagen wird: »Ich war hungrig, und ihr habt mir zu essen gegeben; ich war durstig, und ihr habt mir zu trinken gegeben; ich war fremd und obdachlos, und ihr habt mich aufgenommen; ich war nackt, und ihr habt mir Kleidung gegeben; ich war krank, und ihr habt mich besucht; ich war im Gefängnis, und ihr seid zu mir gekommen ... Amen ich sage euch: Was ihr für einen meiner geringsten Brüder getan habt, das habt ihr mir getan« (Matthäus 25,35-40).

Welch unerhörte Aufwertung des Menschen! Daß Große und Mächtige geachtet werden, erleben wir jeden Tag. Daß aber auch und vor allem die Kleinen und Niedrigen so hoch eingestuft, mit Jesus gleichgesetzt werden, so etwas konnte nur der Phantasie des Geistes Gottes entspringen. So gehen nicht nur die guten Menschen wie Jesus, als Jesus, Gutes tuend durch die Welt, sondern auch die Bedürftigen dürfen im Namen Jesu, als Jesus, die materielle oder geistige Hilfe in Anspruch nehmen. Insofern kann man sagen: Die ganze Welt *ist* bereits ver-christlicht. Der Sohn Gottes hat in der Menschwerdung nicht bloß seinen eigenen menschlichen Leib, sondern die ganze Menschheit als ganze angenommen. Alle Menschen gehören nun zur Verwandtschaft Jesu, für die er beim Vater einsteht, vor allem für jene, die auf Erden unten durch müssen. Es ging und geht also kein Mensch über diese Erde, in dem nicht Jesus selbst als der Schenkende oder der Beschenkte inkognito lebt.

Im Haus der Herz-Jesu-Missionare in Salzburg hängt ein Wandteppich von Karl Weiser, auf dem die »Werke der Barmherzigkeit« dargestellt sind. Nun das Überraschende: Nicht die Wohltäter, sondern jene, denen etwas Gutes getan wird, tragen den Heiligenschein. Der Künstler wollte bewußt verblüffen und sagen, daß Jesus sich ausdrücklich mit den Hilfsbedürftigen iden-

tifizierte – wobei er die andern nicht von der Zugehörigkeit zu ihm ausschloß.
Diese beiden Weisen der besondern Gegenwart Jesu in der Welt stehen nicht beziehungslos nebeneinander. Sie durchdringen und bedingen sich gegenseitig. Die Eucharistie ist eine »memoria«, ein Gedächtnis, nämlich des Leidens und der Auferstehung Jesu damals; das wird jetzt innerhalb der Kirchen gegenwärtig gesetzt und gefeiert. Aber man kann diese Feier nur redlich begehen, wenn man des Leidens Jesu heute, außerhalb der Kirchen, in Millionen von Menschen allüberall in der Welt, gedenkt und aktiv dafür besorgt ist, daß diese Menschen aus ihrer Folter, Krankheit, Ausbeutung auferstehen können, nicht erst in einer utopisch fernen Zukunft, sondern schon »am dritten Tag«, also schon bald. Daraus ergibt sich, daß Mystik (Eucharistie) und Politik (Nächstenliebe) engstens zusammengehören. Je mehr jemand in mystischer Einsicht das Weltbild Gottes, das sich in dieser zweifachen Gegenwart Jesu kundgetan hat, bedenkt und erkennt, desto mehr wird er sich für eine menschenwürdige und jesuswürdige Welt einsetzen: »Je mystischer, desto politischer« (P.M. Zulehner).
Das Geheimnis Jesu wird von einem dritten, wiederum fast unglaublichen Einfall gekrönt, nämlich von der Aussage seiner Auferstehung. Mit Jesu Tod am Kreuz schien der Traum aus und seine Geschichte gelaufen zu sein. Joseph von Arimathäa legte den Leichnam für eine schmerzliche Weile in den Schoß der Mutter und dann ins Grab. »Vor den Eingang zum Grab wälzte er einen großen Stein und ging weg« (Matthäus 27,60). Damit blieb nur noch die Erinnerung an Jesus zurück.
Aber am ersten Tag der Woche, später Sonntag genannt, geriet die Schar der Jünger plötzlich in Verwirrung. Frauen keuchten herbei und behaupteten, sie hätten am Grab die Botschaft gehört: »Ihr sucht Jesus, den Gekreuzigten. Er ist nicht hier. Er ist auferstanden, wie er gesagt hat« (Matthäus 28,1-6). Dann rannten Petrus und Johannes hin und sahen das leere Grab und die zu-

sammengelegten Leinentücher (Johannes, 28,3-8). Am Abend erschien Jesus den Aposteln im verschlossenen Saal und gab ihnen seinen Frieden und die Vollmacht, Sünden nachzulassen (Johannes 20,19-23). Am selben Abend ließ er sich von den entmutigten Jüngern, die nach Emmaus zogen, erkennen, so daß diese eiligst umkehrten und erzählten, was sich zugetragen hatte (Lukas, 24-13- 35).

Fortan kannten die Jünger Jesu nur noch einen Drang, die Auferstehung des Gestorbenen, die Gegenwart des Unsichtbaren, die Botschaft des Schweigenden zu bezeugen und der Welt zu sagen, daß Jesus, der sich ganz auf seinen Vater verlassen hatte, von diesem allem Anschein zum Trotz nicht im Stich gelassen worden, sondern von ihm im Tode aufgefangen, beglaubigt und zu neuem Leben erweckt worden war und so auch der ganzen Welt neue Hoffnung geschenkt hat. Die Kurzformel des Glaubens lautete fortan: »Christus ist der Schrift gemäß für unsere Sünden gestorben. Er wurde begraben und ist der Schrift gemäß am dritten Tag auferstanden« (1 Korinther 15,3 f.). Noch häufiger hingegen wird betont, daß Gott ihn auferweckt habe (Römer 4,24 f.; Epheser 1,20; Kolosser 2,12; 1 Thessaloniker 1,10; Petrus 1,21).

Diese Aktion des Auferweckens, dieser allen Gesetzen der Wissenschaft zuwiderlaufende qualitative Sprung wird in ganz besonderer Weise dem Heiligen Geist zugeschrieben. So ist dieses Ereignis auch »für uns« von Bedeutung: »Wenn der Geist dessen in euch wohnt, der Jesus von den Toten auferweckt hat, so wird er, der Christus Jesus von den Toten auferweckt hat, auch eure sterblichen Leiber zum Leben auferwecken durch seinen Geist, der in euch wohnt« (Römer, 8,11).

Diese Botschaft der Apostel ist als Herzstück des christlichen Glaubens von der Kirche durch die Jahrhunderte getragen worden, hat ihr unerklärliche Dauer verliehen, bleibt bis heute das unterscheidend Christliche. In der Auferweckung Jesu und in unserer Auferweckung wird endgültig offenbar, wer Gott ist, nämlich derjenige, dessen Macht Leben und Tod, Sein und Nichtsein umgreift, der die Grenzen von Schöpfung und Tod durchbricht, auf den deshalb auch im Zusammenbrechen aller menschlichen Hoffnungen noch unbedingter Verlaß ist. Die Osterbotschaft stellt geschlossene Weltbilder in Frage, die sich absolut setzen und keinen Raum lassen für neue, schöpferische Möglichkeiten Gottes. Mit dem Osterglauben steht und fällt das christliche Welt- und Menschenbild. Er ist kein Zusatz zum Glauben an Gott und an Jesus Christus, sondern vielmehr Inbegriff und Zusammenfassung dieses Glaubens. »Ein Christentum ohne Auferstehung wäre nicht bloß ein Christentum, dem das letzte Kapitel fehlt, es wäre überhaupt nicht mehr Christentum« (W. Kasper).

Das ist die Radikalität des Glaubens, das Wagnis, das man eingeht. Wenn man sich aber dazu aufmacht, oder besser gesagt, wenn Gott uns dazu seine Gnade schenkt, daß wir dieses Unglaubliche im Vertrauen auf Ihn glauben, dann gehen plötzlich unsere Augen auf und wir merken, daß wir wirklich sind wie Gott (vgl. Genesis 3,5). Dann kommen wir plötzlich auf eine höhere Stufe des Menschseins, nämlich des Lebens mit Gott und in Gott. Dann wird das Leben faszinierend und erfüllend für den einzelnen Menschen. Dann sieht man aber auch ein, daß die Weltgeschichte mit Recht eingeteilt wird in die Zeit vor und nach Christus, da er der Geschichte ihren letzten, überraschenden Sinn gebracht hat, den es sich lohnt, immer neu der Menschheit zu bezeugen.

Dieses Jesus-Ereignis wurde seit 500 Jahren auch in der neu entdeckten Welt verkündet. In den beiden Amerika bekennen sich heute nahezu alle Menschen zum Jesusglauben, in Schwarz-Afrika rund die Hälfte, in Asien freilich – wenn man die 46 Millionen Katholiken der Philippinen nicht zählt – bloße 1,74 %. Wir hatten die große Masse Menschen der asiatischen Hochreligionen noch bis an die Schwelle des II. Vatikanischen Konzils überheblich »Heiden, Götzendiener, Ungläubige« genannt. Das

Konzil fing dann an, gut von den religiösen Werten jener Religionen zu reden und die Heilsmöglichkeit der Menschen außerhalb der Kirche anzuerkennen, wenn sie ehrlich nach ihrem Gewissen Gott suchen. Die nachkonziliare Theologie hat über den individuellen Aspekt hinaus die Religionen als solche mit ihren Riten und Festen als Wege der Gnade gedeutet. Damit geht uns wieder neu die kosmische Dimension des Geheimnisses Christi auf. Wir hatten Jesus eingeengt auf die Grenzen der Kirche. Jetzt erkennen wir, daß er mit seinem Geist schon immer und überall gegenwärtig und wirksam war, schon längst bevor Christen dieses allumfassende Heilswirken Gottes in Jesus ausdrücklich bekundeten. Jene Menschen leben also schon immer in der Huld und Liebe Gottes, man kann auch sagen im Reiche Gottes. Man muß sie nicht länger als »Ungläubige« aburteilen, sondern kann mit ihnen als mit »Glaubenden anderer Religionen« gemeinsam beten und dann auch gemeinsam handeln für eine bessere Welt. Wir sind also daran, nach allzu langer menschlicher Enge die Wende zu Gottes Weite nachzuvollziehen. In jener geschichtlich einmalig begrenzten Existenz Jesu dürfen wir das unüberbietbare Zeichen des universalen Heilswillens und Heilswirkens Gottes erkennen, den »Immanuel = Gott mit uns«, den »Jesus = Jahwe rettet«, den Heiland der Welt.

Was wir Christen von diesem Jesus sagen, ist freilich unsere persönliche Glaubensüberzeugung, nicht ein »Beweis«, den andere annehmen müßten, nicht eine Drohung, mit der wir andere bedrücken, sondern ein Angebot, mit dem wir andere beglücken möchten. Wir müssen verstehen, wenn viele Mühe haben, diese Botschaft zu verstehen, vor allem auch im Blick auf die geschichtliche Hypothek der Schandtaten der »Christen«, der Kolonialherren und z.T. der Missionare, in jenen Ländern.

Früher sagten wir: »Außerhalb der Kirche kein Heil«, und handelten entsprechend. Wie ungöttlich wenigen Menschen blieb damals die Hoffnung auf Heil! So änderte man die Formel in: »Außer Christus kein Heil«. Aber da die Christgläubigen insgesamt nur 32 % der Menschheit ausmachen und diese Proportion aller Voraussicht nach für sehr lange Zeit bestehen bleibt und so Jesus sich offenbar erst in der eschatologischen Zeit als »Herr aller Welt« erweisen wird, zog man den Kreis noch einmal weiter in: »Außer Gott kein Heil.« Wir dürfen heute deuten, daß durch die vielen Gottheiten und Gottesnamen hindurch im Grunde immer der eine und einzig wahre Gott gemeint war und daß, wann und wo immer Menschen ihre Hände und Herzen zu »ihrem« Gott erhoben, dieser eine und einzig wahre Gott dieses Beten gehört und angenommen hat. Schließlich darf und soll man den Kreis noch einmal weiten und sagen: »Außer dem Gewissen kein Heil«, was heißen will, daß Menschen, die nicht ausdrücklich an Gott glauben können, also Atheisten, nicht ohne weiteres zu verdammen sind. Das Konzil bestätigt diese sehr großzügige Ansicht: »Die göttliche Vorsehung verweigert auch denen das zum Heil Notwendige nicht, die ohne Schuld noch nicht zur ausdrücklichen Anerkennung Gottes gekommen sind, jedoch, nicht ohne die göttliche Gnade, ein rechtes Leben zu führen sich bemühen« (Lumen gentium 16).

Die Christen sollten freilich nicht bloß behaupten, Jesus sei das Herz der Welt, der Weg zum Vater, Anfang und Ende der Geschichte, sondern es auch durch ein glaubwürdiges Leben bestätigen. Trotz aller Schulen, Spitäler und Heime, welche Missionare in andern Kontinenten führten, galt der »Weiße Mann« dort nicht als anziehendes Beispiel der Menschlichkeit, Selbstlosigkeit, der Meditation, sondern als abschreckendes Beispiel der Geldgier, der Gewalt, der Effizienz. Heute verfügt das Christentum nicht mehr über den »Vorteil« – es war wohl eher ein Nachteil –, die westliche Vorherrschaft als Stütze zur Seite zu haben. Es steht da als eine Religion neben den andern, im freien Wettbewerb. Wer mehr Glaubwürdigkeit anbietet, wird mehr Gefolgschaft zählen. Die Frage stellt sich nicht an Jesus, sondern an die Christen, ob sie Hürden sind auf dem Weg zu ihm, an denen viele straucheln, oder Weggefährten, denen man freudig folgt.

313: Als Kaiser Konstantin die Kirche anerkannte ...

Jesus von Nazaret ist nicht zufällig, sondern bezeichnenderweise »außerhalb der Stadt« (Hebräer 13,12) gestorben, verurteilt von der höchsten Autorität der römischen Besatzungsmacht, auf Antrag der Spitzenvertreter der Synagoge, unter Mitwirkung von Teilen des Volkes, das schrie: »Kreuzige ihn! Kreuzige ihn!« Also ein total Ausgestoßener, einer, der sich bewußt außerhalb des politischen und religiösen Systems stellte, zu dem nur noch ganz wenige seiner Getreuen hielten, die gewärtigen mußten, nicht bei einem Triumphzug mitjubeln zu können, sondern auf dem Kreuzweg mitgehen und mittragen zu müssen.

Jesus hat das ausdrücklich vorausgesagt. Er hat zwar einen »Frieden, den die Welt nicht geben kann« in Aussicht gestellt (Johannes 14,27), und eine Liebesgemeinschaft mit ihm und seinem Vater, die alle menschlichen Liebesbeziehungen unvergleichlich übertrifft, und dazu noch das ewige Leben, das der Mensch als Mensch nur ersehnen, aber nicht ergattern kann. Aber zugleich verhehlte er nicht, daß es dem Jünger nicht besser als dem Meister ergeht. »Haben sie mich verfolgt, so werden sie auch euch verfolgen ... Man wird euch aus der Synagoge ausstoßen und euch töten und glauben, Gott dadurch einen Gefallen zu erweisen« (vgl. Johannes 16,1). »Selig seid ihr, wenn ihr um meinetwillen beschimpft und verfolgt werdet und auf alle mögliche Weise verleumdet werdet. Freut euch und jubelt ... denn so wurden schon vor euch die Propheten verfolgt« (Matthäus 5,11 f.).

Diese ungewohnte Mischung von Verfolgung und Freude übte eine unglaubliche Wirkung aus. Die Verfolgungen ließen nicht

lange auf sich warten, angefangen von Stephanus bis zur letzten Christenverfolgung unter Diokletian – abgesehen von den Christenverfolgungen unserer letzten Jahrzehnte in Ost und West und Süd. Aber das erstickte den Glauben der Jesusjünger nicht, sondern bestärkte ihn. Der Samen des Wortes Jesu, seine Botschaft, brachte nicht nur in einzelnen Menschen, sondern im ganzen Römischen Reich dreißig-, sechzig-, hundertfache Frucht (vgl. Matthäus 13,8). »Das Wort des Herrn verbreitete sich in der ganzen Gegend ... Das Wort Gottes breitete sich aus und die Zahl der Jünger in Jerusalem wurde immer größer ... So wuchs das Wort des Herrn und wurde stark ...« (Apostelgeschichte 13,49; 6,7; 19,20). »Alle, die gläubig geworden waren, bildeten eine Gemeinschaft und hatten alles gemeinsam. Sie verkauften Hab und Gut und gaben davon allen, jedem soviel, wie er nötig hatte. Tag für Tag verharrten sie einmütig im Tempel, brachen in ihren Häusern das Brot und hielten miteinander Mahl in Freude und Einfalt des Herzens. Sie lobten Gott und waren beim ganzen Volk beliebt ...« (Apostelgeschichte 2,44-47). Freilich darf man jene ersten Christengemeinden nicht idealisieren. Sie waren nicht stets und überall »ein Herz und eine Seele« (Apostelgeschichte 4,32). Sie kannten bereits Spannungen und Zerreißproben z.B. zwischen Judenchristen und Heidenchristen, zwischen Gesetz und Freiheit, zwischen Fraktionen des Paulus, des Apollos, des Kephas. In den Christenverfolgungen hielten nicht alle stand und es gab nicht wenige »Abgefallene«, denen man nachher die Rückkehr nicht leicht machte. Die untadelige Heiligkeit blieb ein nie erreichtes Hochziel. Ehebrecher, Trunkenbolde, Habsüchtige, Betrüger belasteten von Anfang an das Leben der Gemeinden.
Trotzdem bildeten die Christen als Gesamtheit eine Gruppe, die Respekt einflößte. Sie hielten Distanz zum Staat und sahen im Kaiserkult nichts anderes als Götzendienst. Sie bewahrten auch eine kühle Reserve zur spätantiken Zivilisation, zum üblichen Lebensgenuß, zum Sport, zur Literatur. Sie glaubten, in den Schriften des Alten und Neuen Testamentes die wahre Weisheit zu

finden. So setzten sie sich dank ihres überdurchschnittlichen Niveaus durch. Zu Beginn des 4. Jahrhunderts zählten sie ungefähr sieben Millionen oder 15 % der Bevölkerung des Römischen Reiches. In gewissen Gegenden war ihr Anteil natürlich größer, in anderen geringer.

Die staatliche Autorität mußte mit dieser kommenden Kraft rechnen, und einsehen, daß ihre Ausbreitung mit Mitteln der Gewalt nicht mehr zu blockieren war. So verkündete schon Galerius 311 das Toleranzedikt. Die eigentliche Wende brachte die Entscheidungsschlacht zwischen den zwei rivalisierenden Brüdern Konstantin und Maxentius. Der erstere, bereits zu Hochachtung für die Christen geneigt, übertrug dem damaligen Denken entsprechend die Rivalität auch auf die verschiedenen Gottheiten und setzte nun infolge eines »Traumes«, einer plötzlichen Einsicht, sein ganzes Kriegsglück auf den Gott der Christen. Er ließ auf den Schilden der Soldaten ein Christusmonogramm anbringen. Seine Soldaten siegten dann in der Schlacht an der Milvischen Brücke im Norden Roms am 28. Oktober 312. So gewann Konstantin die Hauptstadt des Westens und brach sich den Weg zur Herrschaft im ganzen Reich. Auch seine späteren Erfolge schrieb er, mit einem sicheren Bewußtsein von Macht und Auserwählung, dem Christengott zu. Daraufhin proklamierte er 313 das Mailänder Edikt, das dem Christentum volle Religionsfreiheit gewährte.

Der erste christliche Geschichtsschreiber, Eusebius, hat diesen Kaiser sehr idealisiert. Er spricht von einem wirklichen Traum, in dem Konstantin das Christuszeichen gesehen und die Zusage gehört habe: »In diesem Zeichen wirst du siegen.« Er legt ihm in der Rückblende auch ein Gebet an den Christengott in den Mund: »Unter deiner Leitung habe ich die heilbringenden Taten begonnen und vollendet. Dein Zeichen ließ ich vorantragen und führte so das Heer zu glorreichen Siegen; und wenn irgendeine Not des Staates rufen sollte, werde ich den gleichen Losungen deiner Macht folgen und gegen die Feinde ziehen. Darum habe ich dir meine Seele geweiht. Deinen Namen liebe ich, deine Macht verehre ich, die du durch viele Zeichen kundtatest und damit meinen Glauben stärktest. Ich verlange danach, selbst meine Schultern hinzuhalten und dir das heiligste Haus zu bauen ...«

Von einer eigentlichen Umkehr, wie es das Evangelium meint, kann bei Kaiser Konstantin kaum die Rede sein. Er schob die Taufe hinaus und ließ sie sich erst auf dem Sterbebett, im Alter von 52 Jahren, geben. Man kann in ihm einfach den klugen Realpolitiker sehen, der die Konsequenzen aus der neuen Konstellation, der Stärke der Christen, zog und auch den Mut hatte, entsprechend seiner Überlegung mit der Tradition des römischen Kaiserkultes zu brechen. Insofern eine wirkliche Sensation, eine geschichtliche Wende. Für viele Römer galt er als Urheber der Gottlosigkeit, da er sich von den heiligen Gebräuchen lossagte.

Im übrigen blieb er strikt dem theokratischen Denken verhaftet: Der Kaiser habe die Religion zu schützen. Dies übertrug er jetzt einfach auf die christliche Religion. Er verlieh den Bischöfen Gerichtshoheit, führte die Sonntagsheiligung ein, griff auf Bitten der Bischöfe in den afrikanischen Donatistenstreit (d.h. in die Frage, ob die Sakramente gültig seien, auch wenn der Spender unwürdig ist) ein, berief 325 das Konzil von Nizäa zur Schlichtung des Streites um Arius ein. Eusebius erblickte deshalb in ihm »eine Art von gemeinsamem Bischof.« Er machte der Kirche Schenkungen, gewährte ihr Privilegien, baute ihr große Kirchen, die Grabeskirche in Jerusalem, die Lateran- und St. Petersbasilika in Rom. Er begründete also wirklich eine neue Phase der Geschichte: Die Kirche wurde nicht nur toleriert, sondern protegiert und ins Staatsgefüge eingebettet, auch wenn sie erst später, unter Kaiser Theodosius (um 380), die Rolle der Staatsreligion übernahm.

Die Christen fühlten sich natürlich in der neuen Lage überglücklich und betrachteten sie bedenkenlos als Wirkung der göttlichen Vorsehung. Jetzt konnten sie frei atmen und erfuhren nicht mehr soziale Nachteile, sondern Vorteile. Damit wurde das Ausleseprinzip bei den Taufbewerbern zurückgedrängt und aus der christlichen Elite wurde eine christliche Masse. Was unter Konstantin begann, prägte maßgeblich die Kirche als religiöse Institution und über ihr Verhältnis zum Staat auch die abendländische Geschichte bis ins 20. Jahrhundert hinein. »Es gibt in der Geschichte kaum eine Persönlichkeit, deren Ausstrahlungskraft so ungebrochen über siebzehn Jahrhunderte reicht« (R. Hernegger). Eusebius nannte ihn »den gottgeliebten und dreimal seligen Kaiser«, der die biblische Verheißung und den Willen Gottes erfüllte, indem er die Kirche förderte und ihr zu höchstem Ansehen verhalf zum Nutzen der Menschen. Im Abendland galt Konstantin als der vorbildliche Herrscher, im Osten fand er Verehrung und wurde den Aposteln gleichgestellt.

Heute blickt man nüchterner auf jene »konstantinische Wende« zurück. Verkürzt, nicht als absoluter Wandel, aber als starke Akzentverschiebung, kann man sie so umschreiben: Aus verfolgter Kirche wurde Verfolgerin, aus Botschaft Institution, aus Dynamik Statik, aus Milde Macht, aus Volk Gottes Hierarchie, aus Entscheidungskirche Volkskirche, aus Reich Gottes Kirchenstaat, aus dem Evangelium Kirchenrecht. Vorher rühmte man sich der Schwäche, jetzt der triumphalistischen Stellung. Der renommierte Historiker H. von Camphausen fragte sich, ob mit jenem Anfang nicht zugleich der Anfang einer heilsgeschichtlichen Häresie gegeben war. Schon der heilige Hieronymus drückte es so aus: »Als die christlichen Kaiser herrschten, ist die Kirche an Macht und Reichtum größer, an Tugenden aber kleiner geworden.«

Gewiß, man soll dieser neuen Epoche die Fügung der Vorsehung und die Führung des heiligen Geistes nicht einfach absprechen. Es verriete Vandalismus, sie polemisch zu verhöhnen, aber auch unkritischen Sinn, sie triumphalistisch zu verherrlichen. Es gab in dieser langen Periode der Staats- und Volkskirche immer auch Caritas, Kultur und Heiligkeit. Für den durchschnittlichen Christen, der ja nicht immer heroisch leben kann, schuf dieser neue

Zustand eine wohnliche Heimstatt, um durchs Leben zu kommen und in seinem Glauben zu leben.
Wir aber finden in jener Wende doch die Wurzeln einer Entwicklung, die nicht von Gutem war und der erst im II. Vatikanischen Konzil ein Ende gesetzt wurde. Jesus hatte sich bewußt aus den weltlichen und religiösen Systemen herausgehalen, um, mit allen Risiken, eine prophetische Stimme zu sein. Infolge der »konstantinischen Wende« kam es aber in vielen Bereichen zu fast völliger Identität:
– Identität von Kirche und Staat, von Thron und Altar: mit dem Papst als Oberhaupt des Kirchenstaates, mit den Bischöfen als Landesfürsten, mit der Beanspruchung der staatlichen Hilfe zur »Bekehrung« der Sachsen und Wenden, zur Folterung und Verbrennung der Ketzer, zur Rückgewinnung des Heiligen Landes. Das eine hörte nur auf dank der Gewalt von Napoleon und Garibaldi, das andere dank der Einsicht im II. Vatikanum, wo man erklärte, daß die Kirche sich mit keinem politischen und wirtschaftlichen System identisch erkläre.
– Identität zwischen humanitas und christianitas (Menschheit und Christentheit, Menschlichkeit und Christlichkeit): Jetzt galt nur noch der Christ als der wahre Mensch. Alle anderen nannte man Barbaren und Wilde, Heiden (Heidebewohner) und Hinterwäldler, die zivilisiert und christianisiert und der Christenheit eingegliedert werden mußten. Mit diesem Vorbewußtsein ging man auch bei der Entdeckung der Neuen Welt an Völker mit anderen Kulturen und Religionen heran und hat ihnen mit totaler Ignoranz und Intoleranz jahrhundertelang sehr viel Unrecht angetan.
Insofern hätte Konstantin viel revolutionärer gewirkt, wenn er nicht bloß seinen Machtschutz von der römischen auf die christliche Religion verlagert, sondern die absolute Neutralität des Staates gegenüber allen religiösen Kulten zum Grundsatz seiner Politik gemacht hätte. Aber »die Vorstellung von einem religiös notwendig neutralen Staat gegenüber einer pluralistischen Gesell-

schaft ist für den Beginn des 4. Jahrhunderts anachronistisch« (K. Baus). Es brauchte den mühsamen Prozeß der Aufklärung, um solchen Gedanken zum Durchbruch zu verhelfen. Bis dann auch die Kirche im letzten Konzil, gerade noch vor Torschluß, ihr Ja zur Gewissens- und Religionsfreiheit sagen konnte, und zwar um der »Würde des Menschen willen« (Dignitatis humanae).

– Identität zwischen christianitas und romanitas (Christentum und Römertum): Während der Übergang vom Judentum zum Griechen- und Römertum der Kirche noch mit jugendlicher Anpassungsfähigkeit und Spontaneität verlaufen war, wurde nun die römische Kirche plötzlich engstirnig und unbeweglich, um nicht zu sagen, senil, und pochte auf ihre Sprache, ihre Theologie und ihre Art als dem einzig legitimen Modell, mit dem das Christsein stehe und falle. Was von dieser Linie abwich, wurde als Ketzerei abgetan und unterdrückt, so daß die Kirche in dieser Epoche mehr Martyrer umbrachte als in der früheren hervorbrachte (H. Küng).

– Identität zwischen Kirche und Hierarchie: Die »Kleriker« wurden zu Gebildeten, zu Herren hochstilisiert, die das Sagen hatten, die »Laien« zum ungebildeten, unbedeutenden Volk degradiert, dem man empfahl – wie man in den USA sagt: »to pray, to obey and to pay« – zu beten, zu gehorchen und zu zahlen. Im viel gebrauchten Handbuch für Dogmatik von A. Tanquerey wurde im Kirchentraktat auf 62 Seiten »bewiesen«, daß Christus die Kirche als wahre Gesellschaft, als hierarchische, als monarchische Gesellschaft gegründet habe, und auf zwei Seiten in Kleindruck noch beigefügt, daß sie auch Leib Christi und Braut Christi genannt werde. Obwohl dann das II. Vatikanische Konzil eine sanfte Palastrevolution vollzog und die Kirche umschrieb als Volk Gottes unterwegs mit dem allgemeinen Priestertum aller Gläubigen, hält man im römischen Kurienstil nach wie vor an den mittelalterlichen Titeln fest und spricht von ehrwürdigen Schwestern, von hochwürdigen Priestern, von hochwürdigsten Generalobern, von Monsignori, von den Exzellenzen Bischöfen,

von den Eminenzen Kardinälen, und schließlich vom Heiligen Vater. Nur den Laien, die 99,9 % der Kirche ausmachen, bleibt kein Titel. Sie aber können sich auf die Titel berufen, die ihnen in den Apostelbriefen gegeben wurden: »Heilige, Geliebte, Auserwählte«, die ihnen nicht genommen werden können.
Die »konstantinische Wende« hatte also auch verhängnisvolle Nebenwirkungen. Es kam die Zeit, wo »man/frau« Christ war, in die Kirche ging, als Außenseiter betrachtet wurde, wer das nicht tat. Wie ganz anders in der vorausgegangenen Epoche der »Jesus-Wende«! Wie viele Mitläufer es in dieser Volks- und Massenkirche gab, merkte man erst, als in der Zeit der industriellen Revolution viele Katholiken ihr traditionelles Milieu verließen, in die Städte gingen – und sich »anpaßten«.
Heute scheint die Zeit der »konstantinischen Wende« zu Ende zu gehen. Heute müssen Christen, vor allem die jungen, wieder gegen den Strom schwimmen, Non-Konformisten sein, sich zu einem ausdrücklichen Entscheid durchringen, um »noch« oder »wieder« in der Kirche mitzumachen. Für traditionelle Katholiken bedeutet dieser Zerfall der Volkskirche den Anfang vom Ende. Für andere, die vielleicht mehr vom Heiligen Geist erleuchtet sind, den Anfang einer neuen Kirche, die jetzt seit der »johanneischen Wende« durch Johannes XXIII. im Kommen ist. Davon wird noch die Rede sein.

1209: Als Franz von Assisi vom Papst bestätigt wurde …

Kirchenkritik und Bemühen um Kirchenreform stammen nicht erst von heute. Von den vielen Kirchenreformern greife ich nur zwei heraus: Jene zwei, die in ganz besonderer Weise, jeder auf seine Art, die unevangelischen Strukturen der Kirche in Frage stellten und die mit ihren Ideen bis heute, wohl auch bis ins dritte Jahrtausend hinein, höchst aktuell bleiben: Franz von Assisi und Martin Luther.

Franz stand von Haus aus und mit ganzem Herzen in seiner Zeit. Mit seinem frohen Gemüt und seiner Lebensfreude spielte er sich als der König der Jugend auf, wobei ihm das Geld seines Vaters zugute kam. Er wollte Karriere machen und vom Kaufmannsstand in den Ritterstand aufsteigen. Aber da griff Gott in sein Leben ein, ließ ihn in einem Nacht- oder Tagtraum, in einer Intuition oder Inspiration, erkennen, daß er zu Höherem berufen sei; ließ ihn in der Begegnung mit dem Aussätzigen eine schockartige Umstellung der Werte vollziehen; ließ ihn vom Wort des Evangeliums derart betroffen werden, daß er in dieser Weisung genau seinen Weg entdeckte: ohne Geld durch die Welt zu ziehen und überall den Frieden zu verkünden.

Er verließ sich fortan ganz auf die »göttliche Eingebung«, ein Schlüsselwort seiner Geistigkeit, und ging unerschütterlich seinen Weg. Auf diese Weise wuchs er in die Weite des göttlichen Weltbildes hinein und merkte, daß alle auf menschicher Enge beruhenden Egoismen, Nationalismen, Exklusivismen sich nicht rechtfertigen können. Nicht daß er polemisch dagegen loszog, er handelte einfach anders und überzeugte durch sein schlichtes Lebensmodell. Das stieß zwar viele durch seine Radikalität ab, andere aber zog es mit bezaubernder Wirkung an. Sie wollten seine Lebensweise teilen.

Franz aber wollte mit ihnen keine Rebellenbande, keine Sekte bilden, an denen es in seiner Zeit nicht fehlte. Sobald sie ihrer zwölf waren, symbolisch die Zahl der Apostel, zog er 1209 mit ihnen nach Rom, um ihre Lebensweise vom Papst bestätigen zu lassen. Wir wissen wenig historisch Genaues über seine Begegnung mit dem großen Papst Innozenz III, der zwar mit Waffengewalt gegen die Albigenser in Südfrankreich vorging, aber im kleinen Franz offenbar sogleich einen Mann Gottes erkannte, so daß dieser am Ende seines Lebens, im Testament, mit sichtlicher Genugtuung betont, er habe seine geplante Lebensweise »mit wenigen Worten und in Einfalt schreiben lassen und der Herr Papst hat es mir bestätigt«.

F. Zefirelli hat in seinem Film »Bruder Sonne, Schwester Mond« großartig dargestellt, wie der Papst, umgeben von einem Chor von Kardinälen und Bischöfen in reichen Gewändern, den hohen Thron Stufe um Stufe hinunterschreitet; wie er zum kleinen Franz im braunen Sack kommt, ihn fragt: »Bruder Franz, was verlangst du eigentlich von mir?« Der ungelehrte Ordensgründer antwortet einfach: »Heiliger Vater, nichts anderes als daß wir nach der Weise des heiligen Evangeliums leben dürfen.« Da bekennt ihm der Papst: »Franz, als ich ein junger Mann war wie du, wollte ich auch nach dem Evangelium leben. Aber ich bin dann in Amt und Würde hineingekommen und verkrustet. Du aber mit deinen Brüdern, geht und lebt nach der Weise des heiligen Evangeliums.« Und der mächtigste Mann seiner Zeit kniet nieder und küßt die schmutzigen Füße des Bittstellers – zum Erstaunen und Ärger der Kardinäle.

Aufgrund dieser Lebensweise nach dem heiligen Evangelium oder was dasselbe ist, nach dem Weltbild Gottes, nach dem Plan, den Gott mit seiner Menschheit vorhat, wurde Franziskus in vielen Punkten für das damalige Denken zum Außenseiter, aber damit zugleich für alle Zeiten ein Bahnbrecher und Weggefährte aller, die echt christlich und echt menschlich leben wollen. Man kann das Geheimnis dieses Lebens auf die Kurzformel bringen: »Einer ist euer Vater, der im Himmel; ihr alle aber seid Brüder« (vgl. Matthäus 22,8 f.). Diese Schau wirkte damals revolutionär und bleibt bis heute höchst modern. Also: Franziskus, der universale Bruder.

Franz, Bruder aller Geschöpfe: A. Rotzetter faßt das hier Gemeinte gut zusammen. Franziskus weiß sich nicht nur zu den Menschen gesandt, sondern zu allen Geschöpfen, auch zu den Tieren. Er predigt den Vögeln, findet lauschende Hasen und Fische. Nach der berühmten Vogelpredigt macht er sich bittere Vorwürfe, daß es ihm nicht schon früher aufgegangen sei, auch den unvernünftigen Geschöpfen zu predigen. Er traut ihnen also eine Art personales Ich zu. Auch sie können hören. Sie sind vielleicht sogar gehorsamer als der Mensch. Die Tiere gehören, zusammen mit den Pflanzen und Bäumen, zum einen Wurf Gottes, zur Schöpfung.

Von der Art und Weise, wie Franziskus mit der Natur umging, gibt es viele eindrückliche Zeugnisse. Bäume sollen stehen bleiben; für den Fall, daß sie umgehauen werden müssen, soll man sie etwa auf einen Meter Höhe vom Boden absägen, »damit sie noch Hoffnung haben«. Hie und da geht er durch den Wald und umarmt die Bäume. Einmal steht er in der Nähe eines Feuers, wobei sein Kleid Feuer fängt. Jemand stürzt herbei, um zu löschen. Er jedoch sagt: »Liebster Bruder, tu dem Feuer nicht weh!« Er rettet einen Regenwurm aus dem trockenen Sand der Straße. Zu jedem Geschöpf steht er in einem Du-zu-Du-Verhältnis. Jedem sagt er: Bruder und Schwester.

Gegen Ende seines Lebens steigert sich diese Haltung zum Gedicht, zum Sonnengesang, in dem alles inbegriffen ist: Luft und Wasser, Erde und Feuer, Winde und Wolken. Allen bekundet er seine brüderliche Liebe, vor allem den Friedensstiftern, sogar dem Tod, der das irdische Leben abschließt und dorthin überführt, wo kein Leid mehr vorkommt. Dieses Lied, das erste

Dokument der italienischen religiösen Dichtung, wird bis heute immer wieder neu übersetzt und vertont und vorgetragen. Es könnte zum Verbandslied aller ökologischen Gruppen werden. Tatsächlich ist Franz 1979 auf Betreiben der internationalen ökologischen Vereinigung vom Papst zum Patron der Ökologie ernannt worden. Seine Ehrfurcht vor jedem Geschöpf und seine Zufriedenheit mit einer bescheidenen Armut könnten uns anspornen, gegenüber der ökologischen Bedrohung nicht nur in Panik zu geraten, sondern uns froh zum konsequenten alternativen Lebensstil aufzuraffen.

Franz, Bruder aller Christen: In der mittelalterlichen feudalistischen Ständeordnung, die als gottgewollt galt, ohne es zu sein, unterschied man streng den Klerus, den Adel, den Mittelstand, die Bauern, die Leibeigenen, die Sklaven. Franziskus hielt nach seiner Umkehr keine Brandreden dagegen, er rief nicht zum Klassenkampf und zur klassenlosen Gesellschaft auf. Wohl aber duldete er in seiner eigenen Gemeinschaft absolut keine Unterschiede. Es fanden sich da Doktoren des Kirchenrechtes und Analphabeten, Kleriker und Laien mit gleichen Rechten und Pflichten zusammen. Seine Gründung blieb lange Zeit eine Laienbewegung und wurde erst später verklerikalisiert. Er lehnte es ausdrücklich ab, daß seine Brüder Bischöfe und Prälaten werden, wie er auch in seiner Gemeinschaft keine »Obern« wollte, sondern nach dem Beispiel Jesu, des Herrn und Meisters, der den Jüngern die Füße wusch, nur »Diener«, an die sich die Brüder in allen Anliegen voll Vertrauen wenden sollen. »Die Minister (Diener) aber sollen sie voll Liebe und Güte aufnehmen und ihnen mit so großer und herzlicher Liebe begegnen, daß diese mit ihnen reden und umgehen können wie Herren mit ihren Dienern; denn so soll es sein, daß die Minister die Diener aller Brüder sind.«

Franz respektierte bei aller Betonung des Gehorsams jeden Bruder in seiner Eigenart und gebot den Ministern, den Brüdern nie etwas vorzuschreiben, »was gegen ihre Seele verstoßen würde«, d.h. gegen ihr Gewissen wäre. Er wollte sogar seine eigene Regel, die ihm über alles am Herzen lag, nicht als starres Gesetz auferlegen, sondern betonte mehrmals, daß man »nach Maßgabe der Orte, Zeiten und kälteren Gegenden« vor- und nachgeben dürfe und solle. Die gleiche Achtung vor dem Gewissensentscheid kommt wunderschön zum Ausdruck im kurzen Brief an Bruder Leo, der von ihm eine Liste von Vorschriften für seine Lebenshaltung erbat. Stattdessen gab er ihm einfach den Rat: »Auf welche Weise auch immer es dir besser erscheint, Gott, dem Herrn, zu gefallen und Seinen Fußspuren und Seiner Armut nachzufolgen, so tue es mit dem Segen Gottes, des Herrn, und im Gehorsam gegen mich«, mit anderen Worten: Überlege es vor Gott und vor deinem Gewissen und handle dementsprechend; dann geschieht dies auch mit meiner Billigung.

Diese Haltungen von Gleichheit und von Achtung vor dem Gewissen, die der mittelalterlichen Gesellschaft eigentlich zuwiderliefen, die aber Franz intuitiv übte und in seiner Gemeinschaft einbürgerte, entsprechen dem bleibenden Bild Gottes vom Menschen und sind darum heute noch höchst modern.

Mit einer Klasse freilich sympathisierte Franz auf ganz besondere Weise, mit den Armen. Mit ihnen hat er sich – übrigens wie Jesus – nicht bloß solidarisiert, sondern total identifiziert. Er hat einen aufsehenerregenden Standortwechsel vorgenommen, hat das Zentrum der Stadt Assisi, die Piazza, die Kathedrale, das reiche Elternhaus, verlassen, um sich am Rande anzusiedeln und mit den Armen, wie die Armen, als Armer zu leben. Wenn er dann im Kleid der Armen von Tür zu Tür um Almosen betteln ging, riefen ihm die einen nach: »Il pazzo! Der Narr! Der spinnt!« Die andern aber ahnten etwas von seinem Geheimnis, von der unbegreiflichen Liebe zur Herrin Armut und dem unverbrüchlichen Vertrauen in die väterliche Sorge Gottes.

Auch unter den Armen gab es eine Art Hierarchie, aber eine nach unten: Da standen die Räuber, von der Gesellschaft verachtet, von Franz aufgesucht und mit Wein und Brot beschenkt, damit sie nicht weiter stehlen mußten. Ganz zuunterst traf man die Aussätzigen, die wirklichen Randfiguren, die Ausgestoßenen, die, um die Gesellschaft vor der Ansteckung zu bewahren, zu einer unmenschlichen und unchristlichen Isolierung verurteilt waren. Franz erblickt in ihnen ein Sakrament, ein Zeichen des geschlagenen und verstoßenen Christus. Er macht darum die Schicksalsgemeinschaft mit ihnen geradezu zum Fundament des Ordens. Er schickt alle Novizen durch diese harte Schule. Sie alle, »Adelige und Niedere, sollen in Aussätzigenheimen wohnen, um den Aussätzigen zu dienen«.

Was Kardinal Lercaro im II. Vatikanischen Konzil ausführte – es gebe zwei Zeichen der besonderen Gegenwart Jesu in seiner Kirche, nämlich in der Eucharistie und in den Armen, und darum müsse die Sendung der Kirche zu den Armen alle Dokumente des Konzils durchziehen – und was dann die lateinamerikanische Bischofsversammlung von Medellin 1968 »Option für die Armen« nannte, das hat Franziskus wiederum intuitiv vorweggenommen. Er hatte erkannt, daß Jahwe im Alten und Jesus im Neuen Testament immer Partei für die Armen ergriffen hatten, und daß diese Armen auf die Hilfe von Menschen angewiesen und für sie offen waren. Heute würde man freilich einen Schritt weiter gehen: Nicht mehr die Armen und die Nächstenliebe mystifizieren, sondern die Befreiung aus der Not mit allen legitimen Mitteln forcieren, weil auch Gott am Elend seiner Menschen nicht Freude haben kann. Solche Anstrengungen für eine dynamische Strukturveränderung gehen bis heute in gewisse Köpfe nicht hinein, so daß Erzbischof Helder Camara, der sich selber für mehr Gerechtigkeit im Nord- Süd-Konflikt exponierte, von sich sagte: »Wenn ich einem Armen ein Almosen gebe, werde ich als Heiliger betrachtet; wenn ich suche, die Wurzeln der Armut auszureißen, gelte ich als Kommunist.« Man müßte also heute in Kauf nehmen, wegen des Einsatzes für Gerechtigkeit als »Spinner«, als »Kommunist« gescholten zu werden, und dann erst recht unter dem Patronat Gottes seinen Weg gehen.

Wieder eine besondere Gruppe in jener Zeit bildeten die Katharer, Waldenser, Albigenser, oft einfach Häretiker und Ketzer genannt. Sie wollten nichts anderes als der reichen Kirche und dem ausgelassenen Leben entgegenwirken; kamen aber mit der kirchlichen Autorität in Konflikt und lehrten auch theologisch gewisse Einseitigkeiten. Kajetan Esser hat schon vor 30 Jahren nachgewiesen, daß bei Franziskus kein einziges polemisches Element zu finden ist, daß er also nie gegen jene Bewegungen gesprochen hat – was z.B. die Dominikaner im Auftrag der Kirche tun sollten –, sondern sich damit begnügte, ruhig und überzeugt seinen Glauben zu leben. Das ist wohl auch der Grund, warum er bis heute bei Christen anderer Kirchen auf soviel Sympathie stößt (und z.B. vom orthodoxen N. Kazantzakis und vom lutherischen G. Wendelborn treffend beschrieben wurde).

R. Manselli weist allerdings in seiner gründlichen Kenntnis des Mittelalters darauf hin, daß Franz zweifellos mit seinen eigenen Akzenten deutliche Antworten auf gewisse Lehren der Häretiker geben wollte. So z.B. könne seine Betonung der Ehrfurcht auch vor unwürdigen Priestern und vor Jesu bleibender Gegenwart in der Eucharistie in Verbindung gebracht werden mit der Opposition der Waldenser gegen solche Gestalten und mit ihrer Aussage, daß die von ihnen gespendeten Sakramente ungültig seien. Sodann wollte der Sonnengesang und der Lobpreis auf Gott den Schöpfer dem Glauben der Katharer widersprechen, die in Mythen ausdrückten, Satan sei der Schöpfer oder wenigstens der Handlanger der stofflichen Welt. Also ohne in theologischen Diskussionen zu streiten, was ihm nicht lag, singt und betet Franz seinen Glauben heraus. Er praktiziert zwar noch nicht das ökumenische Miteinander, aber wenigstens auch nicht das Gegeneinander.

Sogar ausgesprochene Feinde wollte er im evangelischen Friedensdienst versöhnen und zusammenbringen, wie er in der symbolischen Tat mit dem Wolf von Gubbio und in den Versöhnungsaktionen zwischen den zerstrittenen Fraktionen der Städte Arezzo

und Peruggia oder zwischen dem Bischof und dem Bürgermeister von Assisi an den Tag legte, vor allem aber mit dem strikten Verbot für Männer, Waffen zu tragen, die in seine engere oder weitere Nachfolge kommen wollten. R. Schneider sagt zu diesem Punkt: »Ich neige mich in dieser Frage der demütigsten und – für mich – zugleich größten Autorität der den Aposteln folgenden Zeit; sie steht mir höher als alle Abschwächungen, die ein so bedenklicher Radikalismus später erfahren hat ...«
Auch wenn Franz sehr daran lag, für seine Lebensweise die Bestätigung des Papstes zu bekommen, die er 1209 mündlich und 1223 auch schriftlich erhielt, so heißt das nicht, daß er der kirchlichen Autorität in »blindem Gehorsam« ergeben war. Bei seinem ersten Besuch in Rom riet ihm der Kurienkardinal Johannes von St. Paul, sich doch für einen bestehenden Mönchsorden zu entscheiden oder das Einsiedlerleben zu wählen. Franz aber »wies dieses Ansinnen, soweit er konnte, demütig zurück, nicht weil er das Angeratene geringschätzte, sondern weil er eben etwas anderes fromm erstrebte und eine höhere Sehnsucht ihn erfüllte«. Als er dann später seine Brüder in die nördlichen Gebiete sandte, woher sie hungrig und krank zurückkehrten, redete ihm Kardinal Ugolino, sein Freund, zu, die Brüder fortan nur in Italien zu belassen. Auch da wagte Franz, ihm offen zu widersprechen: »Herr Kardinal, glaubt Ihr, daß der Herr die Brüder nur wegen dieser Provinzen hier berufen hat? Wahrlich ich sage Euch, daß der Herr die Brüder zum Fortschritt und zum Heil der Seelen aller Menschen in der ganzen Welt erwählt und ausgesandt hat, und sie werden nicht nur in den Ländern der Gläubigen, sondern auch in den Ländern der Ungläubigen aufgenommen werden und viele Seelen gewinnen.« Er konnte also, wenn es um seine in »göttlicher Eingebung« erkannten Ideen ging, recht hartnäckig auf seinem Standpunkt beharren und bei aller Ergebenheit der Kirche gegenüber, an der nicht zu zweifeln ist, auch das üben, was man heute Kirchenkritik oder das freie Wort des Christen in der Kirche nennt.

Franz, Bruder aller Menschen: Ein letzter und bedeutsamer Schritt zur universalen Geschwisterlichkeit gelang Franz, indem er das geschlossene mittelalterliche Weltbild einfach durchbrach und in seinen Gebeten und Schriften ein universales Denken pflegte, wie es eigenartigerweise erst heute durch L. Lehmann aufgearbeitet worden ist. Er wandte sich in seinen Ermahnungen wiederholt an alle Menschen, Männer und Frauen, Kinder und Erwachsene, alle Völker, Stämme und Sprachen. Er weitete beim Betreten einer Kirche seinen Geist auf alle Kirchen der ganzen Welt aus und betete den Herrn überall da an. Er hatte keine Ruhe, bis es ihm gelungen war, mit einem Kreuzfahrerschiff nach Ägypten zu gelangen, wo er vor der Stadt Damiette den unseligen Belagerungskrieg und die Grausamkeiten der christlichen Soldaten beobachtete und rasch zur Einsicht kam, daß der Kreuzzug, auch wenn vom Papst und vom Laterankonzil beschlossen, Gott nicht gefallen könne. Auf eigene Initiative und eigenes Risiko ging er schließlich in die Stadt, stellte sich dem Sultan und redete freundlich mit ihm, der erste Christ, der ihm nicht als Feind, sondern als Bruder begegnete. Er blieb eine Woche bei ihm, war vom Gebet der Muslime sehr beeindruckt, und kehrte mit Geschenken beladen ins Heer der Kreuzfahrer zurück. Als er gut vom Sultan redete, tönte es ihm – übersetzt in heutige Sprache – entgegen: »Idealist! Pazifist! Utopist!« Der Krieg wütete weiter bis zur Eroberung der Stadt. Damals galten Christentum und Islam als geschlossene religiös-kulturell-politische Blöcke, die während Jahrhunderten miteinander im Krieg lagen: Der heutige Ost-West-Konflikt! Nur Franz überwand dieses Blockdenken und machte den Feind zum Freund, den Muslim zum Bruder im einen Herrn und Gott, – welch' eine Aktualität!
Die Bilanz: Alle heutigen Ideen, die seit und dank dem II. Vatikanischen Konzil in der Katholischen Kirche aufgebrochen sind, Gleichheit und Brüderschaft aller Menschen, göttliche Eingebung, Leben nach dem Evangelium, Öffnung zu den Laien, zu den Mitchristen, zu den Nichtchristen, Achtung vor der Gewis-

sensfreiheit, Option für die Armen, Friedensdienst, Kirchenkritik, das alles hat Franziskus schon vor 750 Jahren vorweggenommen und als das Selbstverständlichste der Welt geübt. Er hat aber leider, so muß man sagen, damit keine neue Epoche begründet. Er blieb weitgehend ein Einzelgänger, ein Vorläufer. Die Katholische Kirche als solche hat ihn erst im Konzil des 20. Jahrhunderts eingeholt.

Heute genießt Franziskus in allen Kirchen, in allen Religionen, in allen Kontinenten große Bewunderung. In der japanischen Literatur z.B. geschieht seit Jahrzehnten ein franziskanischer Durchbruch. Große nichtchristliche Verlage geben Kunstbücher über Assisi und Franz heraus. Für Indien zeigt M. Kämpchen auf, daß der Poverello auch im Hinduismus, Buddhismus, Jainismus als Archetyp des Heiligkeitsstrebens gelte und durch seine Grunderfahrungen von Armut, Wanderleben, Alleinsein, geschwisterliche Gesinnung, Freude an der Schöpfung, Vertrauen auf Gott eine Gemeinschaft der Heiligen aller Religionen begründe. In Zaire wagt man zu behaupten, daß Assisi besser in Afrika als in Europa läge, weil sein Heiliger dem afrikanischen Fühlen so nahestehe. In Brasilien hört man, die Seele Brasiliens sei franziskanisch. Der russisch-orthodoxe Denker N. Berdiajeff meint, Franziskus sei »die wichtigste Erscheinung der ganzen christlichen Geschichte«. Während R. Schneider ihn »den abendländischen Christen« nennt und glaubt, daß seine Stunde gekommen sei, und vielleicht jetzt in einem höheren und eigentlicheren Sinn als damals.

Es könnte also sein, daß die Epoche des Franziskus erst jetzt anbricht. Das wäre ein Zeichen der Hoffnung für die ganze Menschheit – quer durch Rassen und Religionen.

1492: Als Christoph Kolumbus Amerika entdeckte …

Wenn die beiden Amerika am 12. Oktober 1992 die 500 Jahre ihrer Entdeckung begehen, wird es ohne Zweifel von Festen und Feiern, von Reden und Raketen sprühen. Sogar Spanien, das sich rühmt, Christoph Kolumbus unter spanischer Flagge und mit spanischem Geld auf die Fahrt geschickt zu haben, ist bereits daran, unter dem Patronat von König Juan Carlos eine große Affaire aufzuziehen, eine luxuriöse Staatsoper zu bauen, ein Gipfeltreffen der lateinamerikanischen Staatschefs im »Mutterland« vorzusehen, Madrid zur Kulturstadt Europas 1992 auszurufen, kurz: ein Jahr der Superlative zu organisieren.

Die Tat des Kolumbus hat tatsächlich die Weltbühne entscheidend ausgeweitet und zum endgültigen Maß gebracht. Vorher kannte man die biblische Welt, ungefähr den heutigen Nahen Osten; dann die römische Welt, mit dem Mittelländischen Meer als Zentrum; dann das christliche Abendland. Vom 13. Jahrhundert an wurde durch die Missionsfahrten der Franziskaner bis nach Peking und durch die Entdeckungsreisen des Marco Polo Asien bekannt, das durch seine sagenhaften Schätze an Gewürzen, Gold und Edelsteinen lockte. Im 15. Jahrhundert kamen die portugiesischen Seefahrer an der Westküste Afrikas immer weiter voran, in der Hoffnung, auf dem Seeweg um Afrika herum nach Indien zu gelangen. 1484 erreichte Diego Cao die Mündung des Kongo-Flusses, 1488 Bartholomäus Dias das Kap, womit grundsätzlich der Weg nach Indien erschlossen war.

In dieser Zeit trat in Lissabon ein Christoph Kolumbus in Aktion, gebürtig aus Genua, der mit seinem Bruder Landkarten zeichne-

te und dabei die immer neuen Informationen der Afrikafahrer verwertete. Er hatte auch selber einige Fahrten mitgemacht und wußte mit den Winden umzugehen. Im stillen brütete er das »Ei des Kolumbus« aus: Er wollte nach dem Westen fahren, um nach dem Osten zu gelangen! Auf Grund seiner völlig ungenügenden Unterlagen berechnete er, nach 2400 Seemeilen schon die Insel Zipangu (Japan) zu erreichen – während der Weg zum afrikanischen Kap schon 5000 Meilen betrug – und von dort leicht nach Indien vorzustoßen. 1484 bot er dem portugiesischen König Johannes II. sein Indien-Unternehmen an; dies ermögliche, auf kurzem Weg Asien anzugehen, eine Allianz mit dem Großkhan zu schließen, den Islam einzukreisen, Handel mit Japan, China, Indien zu eröffnen. Ein Traum! Er bat um drei Karavellen mit Besatzung und Ausrüstung. Der König jedoch schenkte dem »großen Schwätzer« wenig Glauben. Auch die königliche Expertenkommission wies den Plan zurück. So mußte der Träumer mit seiner Idee von Hof zu Hof hausieren. In einem zweiten Anlauf willigte schließlich der spanische Hof ein – auch aus heimlichem Konkurrenzdenken gegenüber Portugal.
So konnte Kolumbus am 3. August 1492 von Cadiz ausfahren, um mit dem Auftrag der spanischen Majestäten König Ferdinand und Königin Isabella »neue Völker zu entdecken und sie zu unserem Glauben zu bekehren«. Die ganze Nacht vorher verbrachte er im Gebet. Am Morgen empfingen er und seine Mannschaft Beichte und Kommunion, und dann stach das Flaggschiff »Santa Maria« in See. Sie fuhren unter guten Winden. Als Woche um Woche, Monat um Monat verging, wurde es den Mannen doch ungemütlich. Sie fürchteten, je weiter sie sich entfernten, um so unwahrscheinlicher würde es, wieder zurückzukehren. Mehr als einmal bedrohten sie den unbeugsamen Kapitän mit Meuterei. Endlich, am 12. Oktober, nach 73 Tagen, erschall das erlösende Wort: »Land! Land!« Ohne es zu ahnen und zu planen, hatte man nicht Asien angefahren, sondern einen neuen Kontinenten entdeckt! Der Kapitän trug ins Bordbuch ein: »Ich kniete

nieder, als ich festen Boden unter den Füßen hatte – noch vor einem Tag hatte ich glauben müssen, dies würde nie mehr geschehen – und dankte Gott, indem ich die Erde küßte.«
Sein Bericht an den König wurde damals in Europa ein Bestseller. Kolumbus hielt die Insel Guanahani aus der Bahamas-Gruppe für ein Eiland vor der Küste Chinas und taufte sie San Salvador. Die dortigen Bewohner empfingen die weißen Menschen wie Boten vom Himmel, küßten ihnen die Füße und gaben ihnen Eßwaren und andere Geschenke. Kolumbus über sie: »Sie sind sehr einfallsreich und freigebig. Bei allem, was sie besitzen, sagen sie nie nein, wenn es erbeten wird. Im Gegenteil. Sie fordern uns auf, sich davon zu nehmen und zeigen dabei so viel Liebe ... Sie sind sehr gut gebaut, von einer schönen Gestalt und sehr angenehmen Gesichtszügen ... Ich hoffe, daß Ihre Majestät ihre Bekehrung zu unserem Glauben beschließen werde, zu welchem sie stark neigen ...« Dann fügte er – wie selbstverständlich – die tragische Bemerkung bei: »Sie werden sich gut eignen als Sklaven.« Die Gegengabe der »Boten vom Himmel«!
Am 16. Januar 1493 trat man die Rückfahrt an. Kolumbus unternahm in den nächsten 12 Jahren noch drei weitere Reisen, die zweite mit 17 Schiffen und 1200 Mann, unter ihnen sechs Priester. Er errichtete die erste europäische Dauersiedlung jenseits des Atlantik. Bereits um 1020 hatte es eine kurzfristige Wikingersiedlung auf jenem Kontinent gegeben, aber damals meinte man, sich auf einer vorgelagerten Insel Europas zu befinden. Kolumbus blieb bis zum Sterben bei seiner Überzeugung, die Ostküste Chinas erreicht zu habe. Als er aber nie den Großkhan traf und nie Gold und Perlen heimbrachte, wurde der kühne Entdekker langsam zur Spottfigur.
Trotzdem, die Bresche war geschlagen. Es begann eine neue Ära der Menschheitsgeschichte. Schon fünf Jahre später, 1497, wurde, unabhängig von Kolumbus, vom Portugiesen Giovanni Caboto der nordamerikanische Kontinent entdeckt. Aber Portugal kümmerte sich nicht darum, sondern ließ später England und Frank-

reich die Beute unter sich teilen, während durch Verfügung des Papstes Alexander VI. Brasilien zusammen mit Afrika und Asien an Portugal fiel, das übrige Zentral- und Südamerika an Spanien.
Auf einem Irrtum des Kolumbus beruhte die Entdeckung des neuen Kontinents und die Benennung der dortigen Einwohner als »Indianer«. Einem Irrtum erlagen auch die zwei Karthographen Ringmann und Waldseemüller, die 1507 eine große Weltkarte herausgaben und darauf den neuen Kontinent mit Amerika bezeichneten in der Meinung, der Florentiner Amerigo Vespucci hätte den Kontinent als solchen entdeckt, während er doch bloß zwischen 1499 und 1502 vier Reisen dorthin gemacht hatte.
Auf eine Ideologie schließlich stützte sich die Anmaßung der weißen Christen, sie hätten als auserwähltes Volk das Recht, das Land der Heiden und Barbaren einfach zu erobern. So wurden die riesigen Ländereien, wo bisher die »Indianer« seit Jahrtausenden ihr freies und frommes Leben führten, besetzt und unter die Weißen verteilt. Während Nordamerika mit dem für Europäer günstigen Klima vorwiegend zur Siedlungskolonie ausgebaut wurde mit fast totaler Ausrottung der einheimischen Bevölkerung, entstanden in Südamerika Ausbeutungskolonien. Dazu »brauchte« man die Indianer, die rücksichtslos versklavt und in die Zucker- und Kaffeeplantagen, in die Gold-, Silber-, Kupferbergwerke transportiert wurden. So begannen nach den Freuden der ersten Begegnung die Schrecken der Kolonisierung.
Wir können nicht Einzelheiten der sich durchsetzenden Gewaltherrschaft schildern, dürfen aber J. Höffner, dem späteren Kardinal von Köln, glauben, wenn er in einem Buch über »Christentum und Menschenwürde« zur spanischen Kolonialethik schreibt: »Die neue Welt erlebte eine so grauenhafte Versklavung und Vernichtung von Menschen, daß einem das Blut erstarren könnte.« Die Indianer starben an Grausamkeiten und an Seuchen wie Fliegen dahin. Im ganzen südlichen Kontinent war ihr Bestand nach hundert Jahren um ein Drittel dezimiert. Da unternahm der Dominikaner Bartolomeo de Las Casas, der prominenteste der

Regimekritiker, seinen Kreuzzug zugunsten der hilflosen Opfer. In Predigten und auch in einem Schreiben an den spanischen Hof denunzierte er die geübten Praktiken und deckte zugleich den theologischen Grund auf, warum diese Verachtung der Menschenwürde nicht zu dulden sei: »Nicht einmal, nein, zehntausendmal habe ich gesehen, wie unser Gott Jesus Christus in Westindien ausgepeitscht und gequält, beschimpft und gekreuzigt wird, und zwar von den Spaniern, die diese Leute zerstampfen und vernichten.« Er erreichte, daß 1542 die Indianer-Sklaverei aufgehoben wurde. Dafür empfahl er – ein Vorschlag, den er gegen Ende seines Lebens bitter bereute –, statt der Indianer die robusteren Schwarzen aus Afrika »einzuführen«. Damit begann ein neues Schreckenskapitel. Die Schätzung der nach Lateinamerika importierten Negersklaven schwankt zwischen sieben und fünfzehn Millionen, nicht gezählt jene, die bei den Sklavenjagden und bei der allen hygienischen Forderungen hohnsprechenden Überfahrt ums Leben gekommen waren.
Von Skrupeln im Namen des Christentums keine Rede. Es gibt zwar einzelne Stellungnahmen von Päpsten und Bischöfen gegen die Sklaverei und die unmenschliche Behandlung der Arbeitskräfte. Wir können und wollen aber die anders lautenden Dokumente nicht verschweigen. So wenn Papst Nikolaus V. 1452 an den König von Portugal schrieb: »Wir gewähren Ihnen durch diese Dokumente kraft unserer Apostolischen Autorität die uneingeschränkte Ermächtigung, die Sarazenen, die Heiden und jeden andern Ungläubigen oder Feind Christi zu überfallen, gefangenzunehmen und zu unterjochen. Die genannten Personen dürfen auch zu lebenslänglicher Sklaverei gezwungen werden ...« So wenn die Römische Kongregation für die Glaubenslehre (Santo Ufficio) noch 1866, als die Sklaverei schon in mehreren Ländern aufgehoben war, auf eine Anfrage aus Afrika hin antwortete: »Es ist weder gegen das göttliche Gesetz noch gegen das Naturrecht, Sklaven zu kaufen, zu halten und zu verkaufen; darum können auch Christen das mit ruhigem Gewissen tun.«

Die Kolonisierung der beiden Amerika verlief nicht nach den Regeln der Menschlichkeit, sondern nur nach den Interessen und dem Recht des Stärkeren, und die Weißen waren dank ihrer Feuerwaffen immer die Stärkeren. Dabei galten die großen Eroberer, Cortez, Pizarro usw. als sehr religiöse Menschen, die sich in kultischen Übungen und in Madonnenverehrung nicht genug tun konnten. So sehr ist das Evangelium verfälscht und dessen Ohnmacht vor dem Tribunal der Geschichte an den Tag gelegt worden. Das Traurige dabei ist, daß jene Haltung in vielen Köpfen bis heute noch nicht überwunden ist. So werden z.B. in Brasilien und anderswo immer noch die überlebenden Indianerstämme aus ihren Gebieten vertrieben, um Agroindustrien und Ölfirmen, Holzfällern und Goldsuchern freien Raum zu geben. Priester oder Bischöfe, die sich für deren Rechte einsetzen, werden des Landes verwiesen oder, wenn es Einheimische sind, mit dem Tode bedroht. Auch die Schwarzen, Nachkommen der Sklaven, gelten immer noch als minderwertig, gut genug für die niederen Dienste.
So verwundert es nicht, wenn das Jubeljahr 1992 zwiespältige Gefühle auslöst. Die 400-Jahr-Feier verlief noch in ungebrochenem Jubel. Damals gaben nur der weiße Mann und der eurozentrische Standpunkt den Ton an. Inzwischen sind die Indios und die Schwarzen ihrer Geschichte und ihrer Würde bewußt geworden und sie melden sich zu Wort. 1992 wird wohl von den Weißen in gedämpfter Freude gefeiert, von den Farbigen aber als kontinentaler Trauertag begangen werden. Man soll in der Tat das Unrecht der Vergangenheit und Gegenwart nicht zu schnell vergessen, es nicht zu leicht in einem großen Versöhnungsfest untergehen lassen. Zuerst muß das Unrecht zugegeben und verarbeitet werden. Dann erst kann man auf redliche Weise die Trommel für den gemeinsamen Weg in die Zukunft schlagen. Das gleiche gälte übrigens auch für alle andern Länder der Neuen Welt, für Afrika, Asien und Australien. Gut, daß die Zeit der weißen Hegemonie ein Ende genommen hat!

Im Sinn dieser Aufarbeitung ist mittlerweile sehr viel in Gang. 1973 wurde in Quito die CEHILA-Gruppe gebildet, an die hundert Fachleute Lateinamerikas, welche ihre ganze Geschichte in elf Bänden darstellen wollen, nicht mehr vom eurozentrischen und triumphalistischen Standpunkt der »Sieger«, sondern von den Reaktionen des leidenden und nie besiegten Volkes aus. Ebenso ist seit einigen Jahren die auf 53 Bücher berechnete »Bibliothek Theologie der Befreiung« im Erscheinen, wo die Theologie vom Standpunkt der Armen aus, die doch Gottes erste Lieblinge sind, durchdacht wird.
Der Lateinamerikanische Bischofsrat (CELAM) hat am 12. Oktober 1984 in Santo Domingo, in Gegenwart von Papst Johannes Paul II., zu einer neunjährigen Novene der Besinnung und einer neuen Glaubensverbreitung aufgerufen, um das Geheimnis von Sünde und Gnade zu bedenken und trotz der Verbrechen den providentiellen Charakter der Entdeckung Amerikas in den Vordergrund zu rücken. Die Vereinigung der Ordensleute von Lateinamerika (CLAR) ist daran, einen Fünf-Jahres-Plan abzuwickeln, indem sie nicht nur eine Million Bibeln an die Gläubigen abgeben, sondern auch von Jahr zu Jahr den Armen den Umgang mit der Bibel vermitteln. So werden sich zuletzt die unterdrückten Armen als die reicheren erweisen und José de Acosta (1540-1600) könnte recht bekommen, wenn er in seiner Missionstheologie schrieb: »Die Goldsucht der Christen ist Anlaß zur Berufung der Indianer geworden.« Gott kann und wird auch auf krummen Zeilen gerade schreiben.
Kolumbus aber bleibt eine Geschichte ohne Ende. Die ganze Welt ist immer noch ein Amerika, ein unbekanntes Land. Es braucht immer wieder Entdecker, Abenteurer, Träumer, die alle Entfernungen überwinden und Verbindungen herstellen zu fernen Orten, zu fernen Menschen, zum fernen Gott. Dies sollte nun in Respekt vor fremden Menschen und Kulturen möglich sein. Sich auf sicherem Besitz auszuruhen, sich im Kreis alter Gewohnheiten zu bewegen, ist Sache der Trägen, der Gestrigen. Wer wagt,

der gewinnt. Das Schiff liegt am sichersten im Hafen, aber dazu ist es nicht gemacht. »Du entdeckst keine neuen Welten, ohne den Mut zu haben, alle Küsten aus den Augen zu verlieren« (A. Gide).

1517: Als Luther die Freiheit des Christenmenschen proklamierte …

Im Jahr 1982/83 erlebten wir ein erstmaliges ökumenisches Ereignis. Da feierten die Katholiken, zusammen mit nicht wenigen evangelischen Christen, das 700-Jahr-Jubiläum der Geburt des heiligen Franziskus von Assisi, und begingen die Lutheraner, zusammen mit nicht wenigen Katholiken, das 500-Jahr-Jubiläum der Geburt von Martin Luther. Zu beiden Anlässen erschien neben der schon bestehenden Literatur eine Fülle neuer Bücher. Beide Männer weisen sehr ähnliche Züge auf: Die Betroffenheit durch die Heilige Schrift als Grundausrichtung ihres Lebens, die unbedingte Entscheidung für Jesus, den Heiland der Welt. Aus diesen zwei Bereichen könnte man manche Texte des einen in die Schriften des anderen hineinschmuggeln. Verschieden waren sie freilich in ihrer Einstellung zur Kirche. Dies führte dazu, daß für viele Franziskus eine der sympathischsten, Luther eine der umstrittensten Gestalten der Geschichte wurde.

Man kann Luther nur verstehen im Zusammenhang mit der Ketzergeschichte des Mittelalters. Er steht nicht als ein isoliertes Phänomen da, sondern als Eruption eines Prozesses, der schon lange im Innern der Kirche in Gang war. Zu allen Zeiten – vor allem im Spätmittelalter, als der Zustand der Kirche durch Machtmißbrauch und ungezügeltes Leben vom Vatikan über die Schlösser der Fürstbischöfe bis zu den Pfarrhäusern und Klöstern zum Verzweifeln war, einer Kirche, »die das Ur- und Frühchristentum sicher als widerschristlich angesprochen hätte« (J. Lortz) – da gab es immer wieder Menschen, die sich nach der Jesus-Wende zurücksehnten und als wahre Christen in Armut und Hingabe, oft auch in Gemeinschaft, nach dem Evangelium leben wollten.

Heute denkt man sofort an kirchliche Basis- Gruppen. Sie wurden auch damals, gerade durch ihre evangelische Lebensweise, ein Stachel im Fleisch der reichen und mächtigen Kirche, den diese mit allen Vorwänden auszureißen sich bemühte: Man suchte und fand in ihrer Bibelauslegung »Irrtümer«, erklärte sie zu »Ketzern« und brachte sie auf den Scheiterhaufen. Die Tatsache, daß es trotz dieser Risiken immer wieder »Ketzer« gab, scheint darauf hinzuweisen, daß »Ketzer« auf den Geist der Kirche selbst zurückgehen, daß somit das evangelische Ferment in der Kirche nie aussterben konnte und nie aussterben wird. Heute wird man der Ketzergeschichte mehr gerecht. Man erkennt in diesen Männern und Frauen gottgesandte Alarmzeichen, Wegbereiter neuer Ideen und einer erneuerten Kirche.

Als Sonderfall und Höhepunkt der »Ketzerbewegung« ragt Dr. Martin Luther heraus (1483-1546). Bevor er sich berufen fühlte, die Laster der Kirche zu brandmarken, hatte er die Leiden seiner eigenen Seele zu bewältigen. Denn trotz seines Eintrittes in den Orden der Augustiner-Eremiten, trotz seiner Priesterweihe und seines Doktorates in Theologie, trotz seines theologischen Lehrstuhles und seines Obernamtes in der Gemeinschaft, litt er schrecklich unter Sündenangst und der Angst vor dem göttlichen Richter: Diese trieb ihn immer und immer wieder zur Beichte, ohne daß er Erleichterung fand. Dem ihm vertrauten Prämonstratenserpropst Georg Mascov schrieb er: »Ich bekenne Dir, daß mein Leben sich von Tag zu Tag mehr der Hölle nähert, weil ich täglich schlimmer und elender werde.« Er unterzeichnete als »der aus dem Paradies vertriebene Adams-Sohn Martinus«.

Es schien sich um die Unfähigkeit zu handeln, die Gott gebührende Liebe aufzubringen, also um ein Leiden, das wir auch aus dem Leben vieler Heiliger kennen, die sich als große Sünder vorkamen. Dies sollten wir nicht oberflächlich abtun, sondern aus großer Tiefe deuten. Nachdem einst H.S. Denifle Luther als einen Lüstling, H. Grisar ihn als einen Psychopathen hinstellten, möchte ich wagen, in ihm einen Mystiker zu sehen. Er mußte die Sündennot der ganzen Menschheit existentiell durchstehen, um dann im richtigen Augenblick, durch die Kraft der Gnade, um so mehr die Größe der Erlösung durch Jesus Christus für sich zu erfahren und vielen Menschen zu verkünden. Die Entdeckung der kostbaren Perle, sein religiöses Urerlebnis, blieb nicht aus. Nachdem er in den Sakramenten keine Hilfe gefunden hatte, ging ihm beim Lesen der Heiligen Schrift plötzlich das Licht auf. Sein Schlüsselwort, das ihn wie eine neue Offenbarung traf, wurde der Satz im Römerbrief (4,5): »Dem aber, der keine Werke tut, sondern an den glaubt, der den Gottlosen gerecht macht, dem wird sein Glaube als Gerechtigkeit angerechnet.« Also nicht der strafende und richtende Gott, vor dessen Gerechtigkeit wir zittern müssen, sondern der Gott, der seine Gerechtigkeit kundtut, indem er uns gerecht macht: Das war die Botschaft, die ihn befreite, die ihm mit Augustinus aufjubeln ließ: »O glückliche Schuld, die einen solchen Erlöser gefunden hat!« Die Kunde von diesem gnädigen Gott trug er fortan in seinen Bibelvorlesungen an der Universität Wittenberg begeistert weiter. Die Studenten bemerkten rasch diese neue Linie und schätzten sie. Ihre Zahl schoß in die Höhe, von 200 auf 600. Sein Römerbrief-Kommentar aus dem Jahr 1515/16 wurde maßgeblich für seine ganze theologische Entwicklung.

Mit diesem theologischen Neuansatz von der Rechtfertigung aus dem Glauben war aber der Ablaßhandel, der damals sein Unwesen trieb, nicht mehr vereinbar. Er entsprach zwar dem heidnisch-germanischen Wiedergutmachungs-Prinzip: daß man für ein getanes Unrecht büßen müsse; dies konnte im Sinn des Sippendenkens auch durch ein anderes Mitglied der Sippe geleistet werden. Solche Praxis wurde auf die verstorbene Verwandtschaft ausgedehnt und nun auch in der Kirche praktiziert. Man konnte also durch einen Geldbeitrag für sich oder für die »Armen Seelen« die zu verbüßenden Sündenstrafen tilgen. Rom förderte diesen Handel, weil das Geld in die Baukasse des Petersdomes floß. Luther begehrte dagegen in heiligem Zorn auf. Er wollte nicht mehr durch solche Werkfrömmigkeit die Gnade Gottes durch das Verdienst des Menschen verdrängen lassen. Am 31. Oktober 1517 heftete er – wie es damals bei Streitfragen üblich war – 95 Thesen zum Thema am Portal der Schloßkirche von Wittenberg auf, um eine öffentliche Diskussion in Gang zu bringen.

Er hatte sich freilich nicht genügend Rechenschaft gegeben, was er mit diesem Schritt in die Öffentlichkeit auf sich lud. Die Auseinandersetzung riß ihn plötzlich aus der Studierstube hinaus und zwang ihn, sich dem Kampf zu stellen. Die Thesen, die er lateinisch verfaßt hatte, wurden übersetzt, abgeschrieben, vervielfältigt, gedruckt, zuerst in Wittenberg, dann in Nürnberg, Leipzig, Basel, und verbreitet, so daß sie binnen weniger Wochen in ganz Deutschland umliefen. Im Grunde waren seine Aussagen recht harmlos, aber sie entsprachen ganz der allgemein verbreiteten Ablaßkritik und dem gesunden Bedürfnis, gotteswürdiger von Gott zu denken. Die erste These stellte das ganze auf die solide biblische Grundlage: »Unser Herr und Meister Jesus Christus wollte mit seinem Wort ›Tut Buße‹, daß das ganze Leben der Gläubigen Buße sei.« Dann führte er weiter aus, daß wahre Buße nicht Angst vor der Hölle sei, sondern dankbare Antwort auf die Liebe Gottes. Noch konkreter: Der Gnadenschatz der Kirche, das Erbarmen Gottes, werde nicht gekauft, sondern geschenkt. »Auch ohne Ablaßbrief hat jeder wahre Christ Anteil am Gnadenschatz« (These 37). »Dieser Schatz ist das Evangelium von der Herrlichkeit und Gnade Gottes« (These 62).

Diese Thesen waren gedacht als Grundlage zur Diskussion, nicht als abschließende Formulierungen. Rom aber nahm sie einerseits zu ernst – wie Gegendogmen, andererseits zu wenig ernst, weil man sich nicht bemühte, das eigentliche Anliegen herauszumerken – und sich zu ändern. Der Franziskanerguardian Johannes Fleck sandte Luther einen begeisterten Brief. Ich könnte mir denken, daß auch Franziskus diese Sätze unterschrieben hätte. Und wenn er sie in seiner demütigen Art dem großen Papst Innozenz III. vorgelegt hätte, hätte sich dieser an einer solchen Theologie kaum gestoßen. Aber dieser Papst, Leo X., besaß nicht das nötige Format. Für ihn bedeuteten diese Thesen eines fremden Mönches, der das Volk aufwiegelte, eine lästige Störung seines Lebensstils; er reagierte mit seinem Hof in polemischer Abwehrhaltung.

Der römische Prozeß führte zur Verurteilung, nicht zur Klärung. Dogmatisch fand man darin nichts Anstößiges, aber die Interessen der Kirche standen auf dem Spiel. Wer sich am Ablaß vergriff, vergriff sich am Papst und mußte es zu spüren bekommen. 1518 wurde Luther in den Bann gesetzt (exkommuniziert), später auch vom Orden und zuletzt noch vom Kaiser. Der Mönch litt sehr darunter, denn er hatte sich eigentlich nicht in Gegensatz zur Kirche bringen wollen. Trotzdem ließ er sich von seiner Theologie nicht mehr abbringen. Er war nicht zu bewegen, in Augsburg vor Kardinal Cajetan das »Revoco« (Ich widerrufe) zu sagen. Und in Worms legte er vor dem Kaiser sein Bekenntnis ab und fügte hinzu: »Hier stehe ich, Gott helfe mir. Amen!« Hier drückte sich seine innere Gewißheit aus, von Gott zum Künder seiner Botschaft berufen worden zu sein. »Ich will nicht zu einem Ketzer werden durch den Widerruf der Meinung, durch welche ich zu einem Christ geworden bin.« Nachdem ihm nun aber der Kampf aufgezwungen war, eskalierte die Polemik, und Luther ließ sich zur Aussage hinreißen, mit dem Papsttum sei der Antichrist in die Kirche eingezogen. Die Fronten hatten sich also hoffnungslos versteift.

Aber um was ging es im Grunde? Man kann Luthers Anliegen in drei Punkten zusammenfassen:

Zuerst und vor allem ging es ihm um die Befreiung von Sündenerfahrung und Sündenangst, um die biblisch-theologische Aussage von der Rechtfertigung. Aufgrund seiner eigenen Erfahrung gewann er die prophetische Sicherheit, daß Gott vor allem durch die Heilige Schrift zu uns spreche (sola scriptura), nicht so sehr durch die Formeln der Hierarchie und des Lehramtes. In der

Heiligen Schrift, vor allem im Römerbrief, fand er bestätigt, daß das Gesetz uns versklavt, die Gnade Christi uns befreit, das Gesetz uns anklagt, weil wir beständig versagen, der Glaube an Christus uns aber gerecht macht: »Ohne es verdient zu haben, werden sie gerecht gemacht, dank seiner Gnade durch die Erlösung in Jesus Christus ... So erweist Gott seine Gerechtigkeit durch die Vergebung der Sünden ... um zu zeigen, daß er gerecht ist und den gerecht macht, der an Jesus glaubt ... unabhängig von den Werken des Gesetzes ...« (Römer 3,24-28). Solche Aussagen kommentierte er ohne Unterlaß: »Von diesem Artikel kann man nichts abweichen oder nachgeben ... Auf diesem Artikel steht alles, was wir wider den Papst, Teufel oder Welt lehren und leben ... Steht dieser Artikel, so steht die Kirche, fällt er, so fällt die Kirche ... Ohne diesen Artikel ist die Welt durch und durch Tod und Finsternis ....«

Das Evangelium ist somit echte Frohbotschaft, nicht bloß Information, sondern Zusage. Man kann Christus durch nichts *mehr* verfälschen, als wenn man ihn zum neuen Mose (= Gesetzgeber) macht. Gott nimmt uns durch Christus bedingungslos, aus reiner Gnade, an. Luther persönlich hielt in diesem Glauben durch, auch wenn er sich um dessentwegen gegen die Kirchenautorität auflehnen »mußte«, auch wenn er den Orden verließ – besser gesagt: ausgestoßen wurde – und Katharina von Bora, eine ehemalige Nonne, heiratete, was ihm seine katholischen Gegner als schwerste Sünde anrechneten. Er ließ auch auf dem Sterbebett keine Gewissensbisse aufkommen: Luther ging mit erhobenem Haupt dem Tod und der großen Versöhnung entgegen und schloß sein Vermächtnis: »Komm bald, Herr Jesus. Und jeder, der dich liebt, soll sagen: Komm bald, Herr Jesus, Amen.« Peter Manns (katholisch) schließt darum mit Recht seine Luther-Biographie mit dem Satz: »Wer sich an Luther hält, der lebt gut und stirbt noch besser, weil am Ende des dunklen Tunnels jemand steht, der uns lieb hat und auf den wir uns freuen dürfen. Das ist das ökumenische Vermächtnis Luthers, für das wir ihm schlicht danken sollten.«

Für lange Zeit schien diese Betonung der Rechtfertigung durch den Glauben allein (sola fide) im Widerspruch zu stehen mit der katholischen Lehre von den guten Werken, vom Ablaß, von den Sakramenten als Pflicht, statt als privilegierten Angeboten und Zeichen dieser Rechtfertigung. Seit den Untersuchungen von O.H. Pesch, St. Pfürtner, H. Küng wissen wir, daß, richtig verstanden, sich dieser Widerspruch auflöst. Darum kam jüngst auch eine Kommission von lutherischen und katholischen Theologen zum Schluß, daß es Zeit wäre, die damaligen gegenseitigen Verurteilungen offiziell zu widerrufen, und daß die noch bestehenden verschiedenen Akzente in der Theologie nicht mehr kirchentrennend wirken sollten (vgl. K. Lehmann und W. Pannenberg, Lehrverurteilungen – kirchentrennend?, Freiburg i.B./Göttingen 1986). Im Grunde hat Luther einen Katholizismus abgelehnt, der nicht mehr katholisch war. Allerdings hat er nicht nur die Überwucherung der Kirchenstrukturen in Frage gestellt, sondern diese Strukturen selbst. Nicht mit seinem Anliegen zu verwechseln, aber in verzerrender Folge wurden auch einem Subjektivismus und Libertinismus Tür und Tor geöffnet, die nicht bloß vom Guten waren.

Das führt uns zum zweiten Anliegen Luthers: Die Befreiung von den erdrückenden Kirchenstrukturen. Wie schon gesagt, suchte Luther keinen Konflikt mit, keine Spaltung von Rom. Er wollte *in* der Kirche gewisse Grundhaltungen wieder deutlicher herausarbeiten. Als er erfuhr, daß seine Thesen in Rom anhängig waren, erwartete er fest, der Papst werde ihm recht geben. So schrieb er ihm voll Vertrauen: »Heiliger Vater, ich werfe mich dir zu Füßen und bitte dich darum mit allem, was ich bin und habe, mache lebendig, töte, rufe, widerrufe, billige, verwirf, je nachdem, wie du es beschließen mögest: Ich werde deine Stimme als die Stimme Christi, der durch dich die Kirche leitet, durch dich redet, anerkennen …«

Als dann aber Rom die freundlich dargebotene Hand so barsch zurückwies, mußte auch Luther seine Glaubensüberzeugung verteidigen und ging mit der Kraft eines umzingelten Löwen zum Gegenangriff über. Er stand nach wie vor zur Kirche als »ein auserwähltes Geschlecht und eine königliche Priesterschaft« (1 Petrus 2,9), als »Haufe christgläubiger Leute: Zu der muß man sich halten und sehen, wie die glauben, beten und lehren.« Aber die Hierarchie, wie sie leibte und lebte, konnte er nicht mehr mit dem Evangelium vereinbaren, denn »Papst, Bischöfe, Pfaffen und Mönche glauben nicht an Christo, leben auch nicht heilig, sondern sind des Teufels böses, schändliches Volk«. Er ließ es nicht bei Worten bewenden, sondern führte zielstrebig fällige Neuerungen ein, die von der Hierarchie verhindert wurden: die deutsche Messe, den Laienkelch, die Abschaffung der Privatmessen und der reichen priesterlichen Gewänder. Er reduzierte die Sakramente auf zwei, Taufe und Abendmahl, was weniger glücklich, aber beim damaligen Sakramentalismus begreiflich war.

In seinen klassischen Streitschriften »An den christlichen Adel deutscher Nation«, »Von der babylonischen Gefangenschaft der Kirche«, »Wider Hans Worst«, die von Grobianismen strotzen, lehnte er sich heftig gegen die Überordnung der geistlichen über die weltliche Gewalt auf, gegen den Anspruch des Papstes, allein die Schrift richtig auslegen zu können, gegen die Messe als Opfer und als abergläubische Volksfrömmigkeit. In seiner Zeitanalyse kam er zur radikalen Einsicht, der Türke sei der Antichrist, der von *außen* in das Christentum einbricht, der Papst der Antichrist, der im *Inneren* der Kirche wütet und mit seiner Kurie, schlimmer als Sodom und Gomorra, den Zorn Gottes auf die Kirche herabruft.

In seiner populärsten Schrift »Von der Freiheit des Christenmenschen« setzte Luther gleich an den Anfang den fundamentalen Satz: »Ein Christenmensch ist ein freier Herr über alle Dinge und niemandem untertan.« Dies bezieht er auf den »inneren Menschen«, der durch das Wort Gottes von der Sünde und ihren Zwängen befreit ist, sich selber das Maß wird, sich nicht mehr von äußeren Strukturen, sei es Kirche oder Staat, knechten läßt.

Denn »von allen äußerlichen Dingen reicht keines bis an die Seele, sie zu befreien oder zu fangen, fromm oder böse zu machen«. Äußerlich und innerlich meint für ihn gleichviel wie vergänglich und ewig, alt und neu, Knechtschaft und Freiheit, Sünde und Gnade. Die Natur aus sich kann die Verknechtung des Menschen nicht austreiben. Das vermag nur die rechte Predigt von Jesus Christus, der Sünde, Tod und Verdammnis verschlingt. Der Übergang vom einen zum andern ist nicht mühsame Buße, sondern »ein fröhlicher Wechsel«. Man hält diesen Traktat für den vollkommensten Ausdruck von Luthers reformatorischem Verständnis des Christusmysteriums.

Mit dieser inneren Freiheit des Christenmenschen hat der Reformator Dynamit an die Fundamente der Kirche gelegt. Gewiß anerkannte man schon im Mittelalter den grundsätzlichen Respekt vor der Gewissensentscheidung. Aber praktisch erwartete die feudalistische Autorität in Kirche und Staat doch von den Menschen den »blinden Gehorsam«. Nur Christentum und Reich zählten. Wehe, wenn jemand dagegen zu rebellieren wagte! Auch in Glaubensdingen wurde jeglicher Dissens der »Ketzer« mit Folter und Tod geahndet. Das Subjekt und die subjektive Überzeugung des »inneren Menschen« hatten kein Gewicht. Psychologische Gutachten über die Handlungsmotive kannte man damals noch nicht. Es mutet heute brutal an, wie man im Mittelalter mit dem Einzelmenschen und seinen Eigenschaften umging.

Seitdem Luther seine Gedanken entwickelt und selber den Mut an den Tag gelegt hatte, zu seinem Gewissen zu stehen und alle Konsequenzen auf sich zu nehmen und auch gegenüber der äußeren Autorität der Kirche auf seiner inneren Einsicht zu beharren, seitdem also wurde der Weg geöffnet für die Aufklärung, für das kritische Denken, für die Autonomie von Individuum und Wissenschaften, für den Gewissenswiderstand. Die Menschheitsgeschichte mußte fortan mit diesem rebellischen Element rechnen.

Die Frage der Rechtfertigung aus dem Glauben ist – verspätet – auch in der katholischen Kirche aufgearbeitet worden. Diesbezüglich wurde heute weitgehend ein ökumenischer Konsens erreicht. Das ist noch weniger der Fall bei der Frage der Kirchenstrukturen. Sie gehören nach wie vor zu jenen Themen, die ökumenisch wehtun. Obwohl im letzten Dekret des II. Vatikanischen Konzils über die Gewissensfreiheit (Dignitatis humanae) im Grunde die lutherische These übernommen wurde, wirkt in der katholischen Kirche immer noch die Tendenz, das unmittelbare Gottesverhältnis des einzelnen vereinnahmend durch die Sakramentenpflicht zu unterbrechen und die Alternative aufrecht zu erhalten: Durch den Glauben allein *oder* durch die Kirche, statt: Durch den Glauben allein, aber *in* der Kirche, wie es Luther verstand.

Noch eine dritte Befreiung wollte Luther verkünden und verwirklichen, nämlich vom Egoismus des Menschen und der Welt. Er würde völlig falsch verstanden, wollte man seine »innere Freiheit« verabsolutieren und zum Libertinismus ausarten lassen. Nach dem schon erwähnten fundamentalen Satz vom »freien Herrn« folgt gleich antithetisch der andere: »Ein Christenmensch ist ein dienstbarer Knecht aller Dinge und jedermann untertan.« Also nur die Synthese wird der Sache gerecht: Innerlich frei sein zum äußeren Dienst! Befreiung zur Liebe! So sehr der innere Mensch »frei, fröhlich und umsonst tun will«, was Gott gefällt, so sehr muß der äußere Mensch regiert werden, damit er das Gebotene tut. Der innere Mensch muß den äußeren regieren, damit die Werke des äußeren Menschen Taten der Liebe werden. So hat es Jesus selbst vorgelebt.

So hat auch Luther selbst seine Berufung verstanden. Er verließ nicht das Kloster, um heiraten zu können, sondern er wurde als »excommunicatus vitandus« ausgestoßen, und heiratete dann seine »Käthe«, mit der er ein Leben ganz im Dienst der Mitmenschen und der Gastfreundschaft führte. Mit seinem Grundsatz vom »freien Herrn« entvölkerte er freilich viele Klöster, denn die Lebensweise der damaligen Mönche und Nonnen bedurfte wirklich einer radikalen Kur. Die Heiligkeit sollte überdies nicht länger den Klosterleuten vorbehalten bleiben. Die Welt brauchte so nötig Menschen, die sich in ihr heiligen, damit die Welt geheiligt werden. Mit dem anderen Prinzip vom »dienstbaren Knecht« spornte Luther tatsächlich zu einem sinnvollen Leben im Dienst der Welt an und gab den Impuls zur späteren Entwicklung der Wirtschaft und der Wissenschaft und schließlich zur industriellen Revolution. Heute müßte er freilich mit demselben Prinzip vor dem Überborden hin zum ausbeuterischen Kapitalismus und zur Bedrohung der Schöpfung warnen und den wahren äußeren Dienst als Tat der inneren Liebe fordern.

Luther selbst blieb immer ein bescheidener Mann. Er spielte sich nicht als der große Reformator auf. Er hatte die Kirchenspaltung keineswegs gesucht, sondern war äußerst betroffen, als Rom ihn und sein Denken verurteilte. Die Ideen, die er verkündete, lagen in der Luft. Er hat sie nur unter das Volk gebracht und bewußt gemacht. Er hat, nach seinem eigenen Wort, »der Katze die Schelle um den Hals gelegt«. Er wollte nicht, daß sich seine Anhänger Lutheraner nannten, denn er sei nur »ein armer, stinkender Madensack«. Er setzte sich gewiß energisch für die rechte Lehre ein, aber »Reformation selbst ist Sache Gottes, nicht der Menschen«.

Rom und die Katholiken ganz allgemein reagierten leider polemisch, statt dialogisch. Beide Seiten übertrafen sich jahrhundertelang mit unflätigen Redeweisen. Erst seit J. Lortz und H. Jedin setzte auf katholischer Seite eine gerechte Reformations- und Luther-Darstellung ein. Heutige Urteile lauten: »Der Kern von Luthers religiöser Substanz heißt Gott. Bis ans Ende seines Lebens finden sich bei ihm bedeutungsvolle Äußerungen der Demutshaltung, eines christlichen Hingegebenseins in den Willen des Vaters« (J. Lortz). »Ein großer Theologe der Christenheit« (O.H. Pesch). »Ein Vater im Glauben«, der sich wie Abraham auf den Weg begab, weil er an die Verheißungen Gottes glaubte (P. Manns). Sogar Papst Johannes Paul II. zögerte nicht, sich bei seinem Besuch in der Bundesrepublik 1980 vor den Vertretern des Rates der Evangelischen Kirche in Deutschland auf Luther zu berufen, nämlich auf das »Zeugnis des Römerbriefes, jener Schrift, die für Martin Luther schlechterdings entscheidend war. ›Diese Epistel ist das rechte Hauptstück des neuen Testaments und das allerlauterste Evangelium‹, schreibt er 1522.«

Man kann also heute sagen, daß die Reformation kommen »mußte«, auch wenn nicht alle Fragen, die sie aufgeworfen hat, ohne weiteres gelöst sind. Immerhin hat die katholische Kirche die Phase der »Gegenreformation« überwunden und mit 450 Jahren Verspätung im II. Vatikanischen Konzil viele echte Anliegen, die Luther bewegten, aufgegriffen und nachvollzogen – wie weit aus eigener Einsicht, wie weit unter protestantischem Druck, sei dahingestellt. Dieses Konzil hat z.B. die Liturgie in der Muttersprache erlaubt, die Kelchkommunion wieder eingeführt, die Heilige Schrift aufgewertet, die Kirche als Volk Gottes umschrieben, die Gewissensfreiheit anerkannt. Die Protestanten ihrerseits sind daran, wohl verstanden »katholischer« zu werden, ihr Defizit an Sakramenten und Strukturen aufzufüllen, indem sie das Abendmahl wieder häufiger, gar jeden Sonntag feiern, da und dort die Beichte anbieten, Ordensgemeinschaften errichten und aus ihrer zerstrittenen Freiheit einen Ausweg auf größere Einheit hin suchen.

Heute sind sich die katholische und die reformatorischen Kirchen weitgehend einig, stehen freilich auch gemeinsam vor den neuen Herausforderungen, wie man in einer Zeit weitgehender Entkirchlichung und auch Entchristlichung den Menschen z.B. den Tod Jesu als unsere Befreiung noch glaubhaft oder die Liturgie noch schmackhaft machen, und wie man nicht mehr bloß einen gnädigen Gott für die eigene Seele finden, sondern den größeren Heilsplan Gottes mit seiner ganzen Menschheit ausführen und so Gerechtigkeit, Frieden und Bewahrung der Schöpfung erreichen könne. Der Ernst der Zeit erlaubt es glücklicherweise nicht mehr, sich über innerkirchliche Angelegenheiten zu streiten, sondern fordert alle auf, gemeinsam Kirche zu sein für das Heil der Welt.

1945: Als die Technik ihr Grauen enthüllte …

Die Entstehung der Welt und der ersten Menschen geschah nicht wörtlich so, wie es in den ersten Kapiteln des Buches Genesis geschildert ist. Aber es ergibt sich aus der gemeinten Sache, daß der Mensch seinen Auftrag wahrnehmen muß, sich die »Erde zu unterwerfen«, sie als Sachwalter zu pflegen und zu betreuen und am fortlaufenden Schöpfungs- und Entwicklungsprozeß mitzuwirken. Mit dieser Einladung wurde freilich, laut Genesis, auch ein Verbot verbunden, nicht vom Baum der Erkenntnis zu essen, sich nicht anzumaßen, sein zu wollen wie Gott. Als Adam (= der Mensch, die Menschheit) das trotzdem tat, folgte die Strafe auf dem Fuß. Die Menschen hatten jenseits paradiesischer Unschuld nun mühsam ihren Weg durch die Geschichte zu gehen; in aller Ambivalenz mußten sie versuchen, die Erde allmählich wohnlicher zu machen.

So merkten sie, wahrscheinlich schon vor 400 000 Jahren, daß mit Feuer die Speisen angenehmer und verdaulicher werden. Im 6. Jahrtausend v. Chr., in der Jungsteinzeit, gelang ihnen die Herstellung eines einfachen Pfluges, was die Bearbeitung des Bodens weniger beschwerlich machte als mit der Hacke. Einen gewaltigen Schritt voran taten sie im 4. Jahrtausend, indem sie das Rad herstellten, was das Tragen von Lasten und die Fortbewegung erleichterte. Vom 18. Jahrhundert n. Chr. an erfolgte dann mit der Ausnützung der Dampfkraft, der Elektrizität, der Nuklearkraft der Sprung ins moderne technische Zeitalter.

Diese verschiedenen Vorstufen der Entdeckung und Umsetzung von Energien dienten in erster Linie dem Frieden. Die Ausnützung der Atomkraft, die »größte« Errungenschaft des Menschen, wurde tragischerweise im Krieg und für den Krieg forciert. Mit der Entdeckung der Kernspaltung im Jahre 1938 durch die zwei deutschen Chemiker in Berlin, Otto Hahn und Fritz Straßmann, war die Voraussetzung geschaffen für den Bau von Kernreaktoren und Atombomben. Als dann kurz darauf der sinnlose Krieg sechs Jahre lang über Europa wütete, und Deutschland nach der schlagartigen Offensive in eine aussichtslose Defensive gezwungen wurde, rechnete Hitler noch bis zuletzt mit einer Wende des Schicksals dank einer neuen »Wunderwaffe«, der Atombombe, an welcher eine Gruppe von Physikern unter Hochdruck arbeitete. Diese freilich, nicht bloß Wissenschaftler, sondern auch Menschen mit einem Gewissen, fühlten sich im tiefsten erleichtert, als sie merkten, daß wegen mangelnder finanzieller und technischer Mittel die Zeit gegen sie arbeitete. C.F. von Weizsäcker bekennt: »In unserer Gruppe waren wir heilfroh, als wir nach etwa einem Jahr sahen, daß die Daten, die wir gefunden hatten, ausschloßen, daß wir mit den Mitteln, die wir zur Verfügung hatten, eine Atombombe machen würden.« Ebenso Hahn: »Wenn aus meiner Arbeit Hitler eine Atombombe bekommt, bringe ich mich um.«

Aber auch die USA und Japan, die beide in den Krieg eintraten, arbeiteten am gleichen Projekt. Japan mußte die Sache wegen zu hoher Kosten bald aufgeben. Die USA aber investierten gigantische Mittel in die Entwicklung. Robert Jungk, einer der ersten und lautesten Rufer gegen die Gefahren der modernen Technik, schildert den riesigen Aufwand in jenem Land: In Oak Ridge waren Fabrikhallen von einer Länge entstanden wie nirgendwo sonst. Die Kontrollbeamten mußten sich auf Fahrrädern von einem Ende zum andern bewegen. In Hanford hatten 60 000 Bauarbeiter eine der größten chemischen Anlagen des Landes geschaffen. In Los Alamos arbeiteten sieben Abteilungen an dem geheimnisvollen »Endprodukt«. Tausende neuer Erfindungen und Patente waren bei diesen Arbeiten nebenbei entwickelt worden. Allein die Beschreibung der wichtigsten neuen Prozesse, die in Hanford erprobt worden waren, hätte 30 Bände gefüllt.

Freilich, je näher die Fertigstellung und der mögliche Abwurf der Bombe rückten, desto mehr regte sich auch das Gewissen der Verantwortlichen. Das traf nicht zu für den zuständigen Chef des ganzen Unternehmens, General Groves, der im Gegenteil von Anfang 1945 an fürchtete, der Krieg könnte früher fertig sein als »seine« Bombe. Die anderen beschwichtigten die Gewissensbedenken mit Gegenargumenten: man könne die jahrelange Arbeit von 150 000 Menschen nicht ergebnislos abschreiben; die Erfahrung mit der Atombombe werde hernach auch für die friedliche Verwertung sehr nützlich sein; wenn man nicht jetzt die Waffe produziere und der Welt in einer öffentlichen Demonstration zeige, wie furchtbar sie sei, würden früher oder später irgendwelche skrupellosen Mächte sie herstellen und anwenden; es sei also für den künftigen Frieden besser, wenn die Menschheit wisse, woran sie sei!

Auch die Forscher, die verantwortlichen Väter dieses Monstrums, äußerten ihre Bedenken: »Die militärischen Vorteile und die Rettung amerikanischer Soldaten, die durch eine plötzliche Anwendung von Atombomben erreicht werden könnten, werden womöglich übertroffen durch den damit verbundenen Verlust an Vertrauen, durch die Welle des Grauens und der Ablehnung, die über den Rest der Welt gehen und vielleicht sogar unsere eigene öffentliche Meinung darüber spalten wird.« Das alles nützte nichts. Präsident Truman übernahm, allen Regeln der ritterlichen Kriegsführung zum Trotz, die politische Verantwortung und entschied sich mit seinem Ja für den Abwurf der Bombe – so rasch als möglich.

»Die Summe tausender einzelner Handlungen von höchster Gewissenhaftigkeit führten schließlich zu einem Akt kollektiver Gewissenlosigkeit von schauerlicher Größe« (R. Jungk).

Eine eigene Studiengruppe hatte die zu bombardierenden Städte auszuwählen. Als ein Hauptkriterium galt, eine von früheren Bombardierungen möglichst unberührte Stadt zu treffen, um die Wirkungen einer einzigen Bombe besser registrieren zu können. Ferner sollte das ausgewählte Ziel einen hohen militärisch-stra-

tegischen Wert besitzen. Daraufhin wurden vier japanische Städte während der kommenden Monate ausdrücklich von amerikanischen Bomberformationen »verschont«, um sie für den Tag X übrig zu haben.
Dieser Tag X, ein »Neuanfang« der Geschichte, der absolute »Höhepunkt« technischer Entwicklung und menschlicher Brutalität, kam am 6. August 1945. Der Bomber Enola Gay flog Japan an und warf morgens um 8.16 Uhr über dem Zentrum von Hiroshima seine Last ab: Dann eine Detonation, ein Blitz, ein Hagel von Splittern, ein Rauchpilz, und Hiroshima war nicht mehr Hiroshima, sondern ein brennender Trümmerhaufen, im Zentrum mit einer Temperatur von 50 Millionen Grad, ein Kern radioaktiver Strahlen mit 80 000 zerrissenen und verkohlten Menschen und 62 000 zerfallenen Gebäuden. Panik, Wut, Hilflosigkeit. Von den 200 Ärzten der Stadt waren 180 unter den Toten, von den 55 Krankenhäusern und Unfallstationen nur drei noch nicht in Trümmern.
Drei Tage später, am 9. August, um 11.02, fiel die zweite Bombe mit der gleichen Wirkung auf Nagasaki (auf den katholischen Bezirk Urakami mit der größten katholischen Kathedrale des ganzen Ostens). Sie hätte an sich einer anderen Stadt gelten sollen, aber Wolken hatten die Sicht verhindert; Ziel in Nagasaki waren die Munitionsfabriken, aber da hatte der Wind die Bombe abgetrieben. Am 15. August verkündete Japan die totale Kapitulation, die auch ohnehin innerhalb weniger Wochen gekommen wäre.
In Nagasaki hatte der bekannte Arzt und Physiker Dr. P.T. Nagai den Schrecken mitgemacht. Er überlebte, war aber von den Strahlen verbrannt, siechte noch einige Zeit dahin, schrieb seinen Bericht »Die Glocken von Nagasaki« und starb dann, wie viele andere, an der »Atomkrankheit«. Noch bis heute trägt die zweite Generation von Nachkommen der Atomversehrten Schäden davon: die Anfälligkeit von Blutarmut, für mißgebildete Kinder, für Krebs, weshalb diese Menschen vielfach als verfemt gelten und ihre Herkunft möglichst verheimlichen.

Für Dr. Nagai als Physiker war die Atombombe ein Triumph, für ihn als Japaner ein Jammer und eine Schande. So auch für die ganze Menschheit. Je eine Bombe kam der Bombenlast von 2000 der gigantischen amerikanischen Bomber B 29 gleich. Statt daß man es in der Folgezeit mit dieser grauenvollen Erfahrung als Lehre für alle Zeit hätte bewenden lassen, ließen sich die zwei Sieger- und Supermächte, USA und UdSSR, von einer fieberhaften Rüstungswut hinreißen. Sie stapelten riesige Nuklear-Arsenale auf, trieben die sinn- und endlose Spirale immer höher und besitzen heute insgesamt über 50 000 Atomsprengköpfe, die einer Million Bomben von Hiroshima entsprechen. Sie können sich damit gegenseitig je 30mal zerstören – als ob es mit einem Mal nicht schon mehr als genug wäre! Wird nach dem geheimnisvollen Urknall von den Menschen selbst der Endknall ausgelöst werden? Geht die technische Superleistung des modernen Menschen zugleich als seine größte Dummheit und größte Demütigung in die Geschichte ein?
In Sachen Kriegsrüstung kam mit der Ära Gorbatschow eine neue Hoffnung über die Welt. Aber damit ist der technische Größenwahn des Menschen noch nicht gezähmt. Während E. Teller, der eigentliche Konstrukteur der H-Bombe, meinte: »Das Wichtigste in jeder Wissenschaft ist, zu tun, was getan werden kann«, warnen C.F. von Weizsäcker und R. Jungk seit Jahrzehnten, der Wissenschaftler müsse in gewissen Gebieten nicht nur auf schädliche Anwendungen, sondern bereits schon auf das Forschen bewußt verzichten – vom Baum der Erkenntnis nicht essen! Der zwanghafte Zusammenhang zwischen Tunkönnen und Tun werde erfahrungsgemäß immer unausweichlicher. Die Mehrzahl jener Atomforscher bekannten, daß sie keine Atombombe bauen wollten, aber sie wurden dazu gedrängt, ließen sich eine Konzession nach der anderen abringen und wurden so Schritt für Schritt in Detailforschungen praktisch zu dem gezwungen, was sie eigentlich nicht tun wollten. Sie taten im Berufsleben, was sie im Privatleben nie hätten verantworten können.

Diese verhängnisvolle Schizophrenie trifft nun auch für andere Bereiche zu. In der Frage der Ökologie: Die Mehrzahl der Menschen lebt so vernunftlos, als ob es ihnen gleichgültig wäre, ob nach ihnen eine neue ökologische Sintflut kommt. In der Frage der Genmanipulation: Man macht sich zum Herrn über das Leben und konstruiert Menschen nach reinen Zweckvorstellungen wie Maschinen. In der elektronischen Datenverarbeitung, im »Electronic Banking«, in der Automatisierung der Arbeitsprozesse, wo nur noch wenige supergescheite Menschen verwendet und selbst diese bald zum Spielball der Computerwelt und der »künstlichen Intelligenz« werden, während die übrigen als »nicht vermittelbar« ihrem Schicksal überlassen werden. Auf diese Weise wird der Mensch zum Marktobjekt erniedrigt, schwindet die Lebensqualität, wird das Leben entpersönlicht. Man kann heute mühelos eine Telefonverbindung Nürnberg – New York, eine Flugverbindung Köln – Kuweit, eine IC-Verbindung Mannheim – München bestellen; aber wenn man nach menschlicher Verbindung fragt, zucken viele verlegen mit den Schultern …

In weiten Kreisen wächst das Unbehagen, die Unzufriedenheit mit der vom Menschen geschaffenen neuen Welt, und die intuitive Hoffnung, in einem »New age« die Zivilisationskrankheiten wie Müdigkeit, Depressionen, Lust-, Schlaf-, Appetitlosigkeit zu überwinden. Es graut einem vor den Schrecken der Technik. Man möchte wieder menschlicher leben, nicht nur mit Gehirn, sondern auch mit Herz und Gemüt. Man will den Fortschritt nicht verdammen, wohl aber den blinden, gigantischen, promethischen Fortschritt auf einen menschen- und umweltfreundlichen Fortschritt zurückdämmen. Sind das Zeichen für eine »Wendezeit« (F. Capra), oder Träume, Utopien, und damit Vorzeichen für eine trostlose Endzeit? Die Antwort hängt davon ab, wieviele Menschen in diesem blinden Fortschritt einfach mitmachen, mittrotten, oder ihr besseres Gewissen walten lassen und ihre politische Verantwortung ernstnehmen.

1948: Als die vielen Kirchen wieder die Einheit suchten …

Es ist fast nicht zu glauben, wie sehr die Kirchen Christi das Herzensanliegen Jesu, die Einheit, zu allen Zeiten mißachteten. In seinen Abschiedsreden hinterließ der Herr dieses letzte Vermächtnis für alle Glaubenden: »Wie du, Vater, in mir bist und ich in dir bin, sollen auch sie in uns eins sein, damit die Welt glaubt, daß du mich gesandt hast« (Johannes 17,21). Also nicht Einheit auf Kommando, nicht aus knechtlichem oder militärischem Gehorsam, sondern aus Liebe, weil derselbe Strom der Liebe den Vater und den Sohn, den Sohn und die an ihn Glaubenden, die Glaubenden unter sich verbunden hält, Liebe aber eins macht. Diese göttliche Liebe und Einheit, die alle menschlichen Interessen und Grenzen überschreiten, sollten für die Welt ein Zeichen sein, ein Aufruf zum Glauben, eine Einladung, sich auch in diesen Liebeskreis einzuschließen.

Aber nun die Tragik und die Schande: Zu allen Zeiten gab es nicht nur Spannungen, die ja mit Liebe und Einheit vereinbar sind, sondern Spaltungen. Sie widersprechen Jesu Vermächtnis völlig, zumal man heute geradezu die These aufstellen muß, daß die meisten Spaltungen hätten vermieden werden können, wenn die Streitenden mit mehr Sympathie miteinander geredet und sich nicht voreilig verurteilt hätten. Diese These ist von A. Grillmeier für die erste große Spaltung, die sich bis heute in einer eigenen Kirche erhalten hat, den Nestorianismus, aufgestellt und bewiesen worden. In jener Zeit gerieten die zwei großen Erzbischöfe, Nestorius von Konstantinopel und Kyrillos von Alexandria, in einen heftigen Briefwechsel über die Theologie von Christus. So wurde das Konzil von Ephesus 431 einberufen, das Nestorius verurteilte. Heute nun vertritt man die Meinung, daß die vom Konzil verurteilte Lehre zwar mit Recht verurteilt wurde, daß sie sich aber nicht mit der tatsächlichen Lehrmeinung des Nestorius deckte, daß also Nestorius tatsächlich nicht Nestorianer war! Man war damals nicht in der Lage, besser aufeinander zu hören und einander zu verstehen, ein im Grunde unaussprechliches Geheimnis von entgegengesetzten Seiten her anzugehen im Bewußtsein, daß beide Seiten zusammengehören und nur so jede vor Einseitigkeit bewahrt bleibt. Statt dessen verabsolutierte man die eigene Meinung und machte den Partner zum Gegner. Man redete also aneinander vorbei und schuf dadurch jene erste Häresie, statt sie zu vermeiden.

Dieser prototypische Strukturfehler, Mangel an Dialog und gegenseitigem Verständnis, wurde leider in so vielen anderen Fällen im Lauf der Geschichte wiederholt. Man denke nur an die zwei klassischen Fälle, die Abspaltung der Ostkirchen zu Beginn, und der Reformationskirchen in der Mitte des zweiten Jahrtausends, die bei weniger menschlicher Enge und mehr christlicher Sympathie hätten vermieden werden können und sollen. Man denke auch an die Tausende von evangelischen Freikirchen und religiösen Sondergemeinschaften (Sekten). Laut dem Fachmann für kirchliche Statistik, D. Barrett, gibt es gegenwärtig 20 800 Kirchen und kirchliche Gemeinschaften, viermal mehr als man meinte, die sich oft wie scharfe Konkurrenten bekämpfen und der Sache Christi hohnsprechen.

Vor allem in den südlichen Kontinenten steigerte sich die Konkurrenz mit der intensiveren Missionierung vom 19. Jahrhundert an. An Sonntagen äußerte sich diese Spaltung dadurch, daß in vielen Städten die Christen zur »Kirchenstraße« strömten. Aber statt nun im einen Wort und Brot das Zeichen der Einheit zu setzen, teilten sie sich in sechs oder zwölf nebeneinander stehenden Kirchen auf und demonstrierten so vor der Welt das Spektakel der Zerrissenheit. An Werktagen warben sie sich Lehrer und Schüler ab und zündeten sogar Schulen an, und nahmen die Macht der katholischen beziehungsweise anglikanischen Regierung gegen die andere Konfession in Anspruch. Ein Kampf aller gegen alle.

So durfte es nicht weitergehen. Aus dieser Sackgasse mußte man herauskommen. So drängte sich von den Missionen her eine Gegenbewegung auf, die zur Weltmissionskonferenz von Edinburgh 1910 führte, woraus dann der Internationale Missionsrat entstand. Es folgten als weitere Schritte die Weltkonferenzen für Glaube und Kirchenverfassung, Lausanne 1927, Edinburgh 1937, wobei immer klarer wurde, daß Spaltungen in der Christenheit niemals ohne Sünde der Christen entstanden sind, daß aber Gott trotz der Spaltung und durch sie hindurch seine Sache in der Welt vorantreibt.

Die Zeit wurde reif für die letzte Konsequenz, nicht nur für das Gespräch miteinander, sondern für die Bildung einer gemeinsamen Organisation, des Ökumenischen Rates der Kirchen. Dies wurde 1939 für 1941 geplant. Dann brach der Krieg aus und vereitelte das Unternehmen. Aber dieser apokalyptische Untergang mit den Millionen von Toten, von Flüchtlingen und verzweifelten Menschen durfte nicht das letzte Wort haben. Schon während des Krieges hatten sich die Kirchengemeinden in der Fürsorge für die Flüchtlinge und Gefangenen bewährt und sie setzten sich auch nachher für den Wiederaufbau ein. Das führte sie näher zusammen als alle theologischen Erörterungen.

So konnte dann die Gründungsversammlung des Ökumenischen Rates der Kirchen erfolgen. Auf den 22. August 1948 fanden sich 351 Delegierte aus 143 Kirchen in 44 Ländern im Konzertgebäude in Amsterdam zur historischen Sitzung zusammen. Alles stand im Zeichen einer neuen Hoffnung. Kurz vorher hatten die USA den Marshall-Plan beschlossen, der statt von Rache, von der Bereitschaft zur Hilfe geprägt war und den Wiederaufbau mächtig förderte. Schon 1945 war die UNO gegründet worden. Es lag in der Luft, daß sich auch die Kirchen zum Dienst an der Welt zusammentaten. Über dem Kongreß prangte das Motto: »Die Unordnung der Welt und Gottes Heilsplan.« Der älteste Teilnehmer, der prophetische Prediger John R. Mott von England, und der jüngste, der brillante Theologe D.T. Niles von Sri Lanka, sprachen über ihre Zukunftsvisionen. In den Beratungen spürte man bald, wie schwer es war, Kirchen der bis vor kurzem noch gegeneinander Krieg führenden Länder an den runden Tisch zu bringen. Man ließ sich aber bestimmen vom Gedanken: »Wenn wir Christus suchen, werden wir einander finden.« Unter der minimalen Konsensformel: »Der Ökumenische Rat der Kirchen ist eine Gemeinschaft von Kirchen, die unsern Herrn Jesus Christus als Gott und Heiland anerkennen«, beschloß man die Gründung. Bei der dritten Vollversammlung in New Delhi 1961, als auch die orthodoxen Kirchen beitraten, wurde unter ihrem Einfluß die Formel ausdrücklicher: »Der Ökumenische Rat der Kirchen ist eine Gemeinschaft von Kirchen, die den Herrn Jesus Christus gemäß der Heiligen Schrift als Gott und Heiland bekennen und darum gemeinsam zu erfüllen trachten, wozu sie berufen sind, zur Ehre Gottes des Vaters, des Sohnes und des Heiligen Geistes.« Der in Amsterdam gewählte erste Generalsekretär, W.A. Visser't Hooft, erklärte: »Wir haben etwas gepflanzt. Nun liegt die Zeit vor uns, in der die junge Pflanze begoßen werden muß. Mehr als je müssen wir Gott vertrauen, der allein das Wachstum schenken wird.«

Ein neuer Weg war also erschlossen, aber das Ziel noch keineswegs erreicht. In Amsterdam hatte man nicht die vielen Kirchen zu einer Kirche zusammengeschmolzen, nicht eine Superkirche, sondern nur ein Arbeitsinstrument geschaffen, ein Sekretariat, das keine gesetzgebende Gewalt über die selbständig bleibenden Kirchen ausübt. Es erarbeitet lediglich Studien und Statistiken, veröffentlicht Stellungnahmen im Geiste Christi und bietet durch die vielen Arten von Versammlungen den Kirchen Gelegenheit zum Zusammenkommen und Sich-Näher-Kennenlernen an. Die Einheit selbst muß ständig wachsen, wird immer neu auf die Probe gestellt, aber darf um Jesu willen nicht wieder preisgegeben werden.

Zum 40jährigen Jubiläum schrieb Eugen Albert im Publik-Forum sehr gut: »Ein Haus voll Einigkeit und Glorie ist er nicht, der mehr als 400 Millionen Christen vertretende Weltkirchenrat. Vielmehr ist er ein im Vergleich zum katholischen Rom wenig medienwirksamer Dachverband, in dem 307 verschiedenen Traditionen entstammende Mitgliedskirchen, kritisch-lebendige Winzlinge und byzanthinisch-orthodoxe Großorganisationen, miteinander streiten und im Blick auf Jesus Christus einen gemeinsamen Weg christlicher Weltverantwortung suchen. Nach der im August in Hannover zu Ende gegangenen Jahrestagung des Weltkirchenrates ist die Kritik laut und sind die Kritiker zahlreich – und doch: Gäbe es diesen Ökumenischen Rat der Kirchen nicht, er müßte erfunden werden. Denn ökumenische Offenherzigkeit und ein biblisch-orientiertes, weltweites politisches Verantwortungsbewußtsein könnte für die Kirchen der Reformation und der Orthodoxie wohl nur in der mittlerweile 40 Jahre währenden Weltkirchenratsarbeit wachsen ...«
Der Sitz in Genf in der Route de Ferney 150 macht auf den Besucher einen bescheidenen Eindruck, ist funktional gebaut, mitsamt einer Kantine, fern jeder triumphalistischer Aufmachung. Es werden da an die 300 Mitarbeiter und Mitarbeiterinnen beschäftigt. Er wirkt insofern heutiger und sympathischer als der mittelalterliche und mächtige Vatikan mit seinen 3000 Beamten. Ich will jetzt nicht das ganze Organisationsschema des Weltkirchenrates mit den drei Programmeinheiten und den je vier oder fünf Untereinheiten darstellen, sondern mich nur auf seinen Wachstumsprozeß und sein bleibendes Spannungsverhältnis beschränken.
Am Anfang war er dominiert von den Protestanten, vor allem von den Calvinisten. Im Jahre 1961 kamen die orthodoxen Kirchen hinzu, die jetzt eher einen konservativen Einfluß ausüben. Während verschiedene protestantische Kirchen einander anerkennen und Kommuniongemeinschaft zulassen, würden das die Orthodoxen nie zugestehen. In der Mitte stehen die Anglikaner.

Am Anfang stammten die Mitgliedskirchen vorwiegend aus dem nordatlantischen Raum und die dialektische Theologie von K. Barth und H. Kraemer beherrschte das Feld, die nur den ausdrücklichen Glauben an Jesus Christus anerkannte, die anderen Religionen jedoch als Selbstprojizierung des Menschen in den Himmel, als Selbstvergötzung des Menschen abtat und darum auch keine Anknüpfungspunkte, keine Kontinuität, keine Erfüllung der Religionen im Christlichen gelten ließ. Je mehr selbständige Kirche aus Afrika und Asien beitraten, mußte die westliche, aber für universal gehaltene Theologie einer kontextuellen Theologie Platz machen. Aus der konkreteren Lebensgemeinschaft mit den Religionen heraus wiederfuhr diesen auch mehr Gerechtigkeit. Heute bemüht sich in Genf eine eigene Abteilung »Dialog mit den Menschen verschiedener Religionen«, Verständnisbrücken zu bauen, um Christen zu helfen, in einen sinnvollen Dialog mit jenen Menschen einzutreten. Man hofft auch, durch vermehrten interreligiösen Dialog eine tiefere Gemeinschaft aller Menschen zu verwirklichen und so dem gemeinsamen Wohl aller zu dienen, was natürlich neue Spannungen mit den evangelikalen und fundamentalistischen Kreisen schafft, die sogar den Papst der Glaubensverleugnung bezichtigten, weil er 1986 nicht nur Vertreter der verschiedenen Kirchen, sondern auch der verschiedenen Religionen zu einem Gebetstag für den Frieden nach Assisi eingeladen hatte.
Und doch sollte man heute von den Kirchen erwarten, daß sie – endlich – die in menschlicher Enge aufgestauten Feindbilder abbauen, die Wende zu Gottes Weite vollziehen, die kosmische Dimension des Geheimnisses Christi neu entdecken. So könnten sie etwas prophetisch Neues über die zwei Drittel der heutigen Menschheit und die 100 % der langen vorchristlichen Menschheit aussagen.
Neben der Begegnung mit den Religionen schafft die mit den Armen ein weiteres Spannungsfeld. Dies kann man auch die Spannung zwischen der vertikalen und horizontalen Dimension des Heiles nennen. Wiederum den evangelikalen Kreisen wie

auch den orthodoxen Kirchen sind vor allem der Glaube an Christus, das Gotteslob und die letzte Absolutheit des endgültigen Heiles wichtig. Sie sehen zu wenig ein, daß dem jetzigen, innerweltlichen Heil eine unmittelbarere Dringlichkeit eignet, und daß die Diakonie schließlich immer an Menschen geschieht, die nach dem Bilde Gottes geschaffen und Jesus selbst sind. Diesen Kreisen gefiel es nicht, daß der Ökumenische Rat der Kirchen z.B. ein eigenes Programm zur Bekämpfung des Rassismus entfaltete, zum Boykott gegen Südafrika aufrief und finanzielle Zuwendungen an Organisationen machte, die den Rassismus und die Ungerechtigkeit bekämpfen. Beim Kongreß der Kommission für Weltmission und Evangelisation in Bangkok 1973 unter dem Thema »Heil heute« wurde dieser innerweltliche Aspekt sehr, für viele zu sehr betont, so daß man bei der Vollversammlung in Nairobi 1975 wieder zur Mitte zurück steuerte. Trotzdem stellt man in Genf weiterhin nicht bloß einen neuen Himmel in Aussicht, sondern setzt sich auch für eine neue Erde ein und nimmt unbeirrt zu Fragen der Flüchtlings- und Asylpolitik, der politischen und wirtschaftlichen Ungerechtigkeiten Stellung.
Neben dem Rassismus und dem Klassendenken findet nun auch zunehmend der Aspekt des Sexismus Berücksichtigung. Zu Ostern 1988 wurde deshalb offiziell die »Ökumenische Dekade zur Solidarität der Kirchen mit den Frauen« ausgerufen. In Hannover sollte dann vom Zentralausschuß u.a. beschlossen werden, daß auf der nächsten Vollversammlung in Camberra 1991 50 % der Delegierten Frauen sein sollten. Es wurde auf 40 % reduziert. Dies wurde dennoch vom griechisch-orthodoxen Metropoliten Chrysostomos mit dem Veto belegt. Er erklärte, dadurch werde das ekklesiologische Selbstverständnis seiner Kirche berührt und in solchen Fragen dürfe laut den Statuten keine Abstimmung vorgenommen werden. So kam anstelle eines Beschlusses eine bloße Empfehlung zustande.
Das weitreichendste Programm läuft gegenwärtig im konziliaren Prozeß für Gerechtigkeit, Frieden und Bewahrung der Schöpfung,

mit der Europäischen Ökumenischen Versammlung in Basel in der Pfingstwoche 1989 und dem Weltkongreß in Seoul vom 3. bis 13. März 1990. An beiden Orten trafen/treffen Christen zur Feier des Glaubens, im gemeinsamen Beten, Singen und Hören auf das Wort zusammen, und zum Tun des Glaubens in gemeinsamen Aufrufen nach oben und nach unten, d.h. in die Systeme hinein und an die Menschen. So soll der Nord-Süd-Konflikt durch vermehrte Gerechtigkeit, der Ost-West-Konflikt durch Aktionen des Friedens und der globale Umwelt-Konflikt durch rücksichtsvolleren Umgang mit der Schöpfung in solche Bahnen gelenkt werden, die für alle Menschen, auch der kommenden Generationen, das gebührende Maß an Hoffnung und Lebensfreude gewährleisten können.

Durch all diese vielfältigen Botschaften will der Ökumenische Rat der Kirchen die eine Botschaft Jesu von der Liebe und Einheit zwischen allen Kirchen und zwischen allen Menschen verkünden und schrittweise verwirklichen. Neben der bewundernswerten Arbeit des Generalsekretariates, der Leitungsgremien, der Vollversammlung, des Zentralausschusses, des Exekutivausschusses, muß man sich doch bewußt bleiben, daß die entscheidenden Schritte an der Basis zu geschehen haben, wo die Aufrufe in die Tat umgesetzt werden sollen. H.R. Weber, der während 34 Jahren im Weltkirchenrat arbeitete, vor allem als Referent für Bibelstudien, bemerkte richtig: »Ich glaube, daß die Zukunft der ökumenischen Bewegung dort draußen liegt, nicht in kirchlichen Hauptquartieren, nicht in Genf. Ökumene geschieht vor Ort. Ich jedenfalls hatte immer das Gefühl, erst dann wirklich zu arbeiten, wenn ich das Büro hinter mir gelassen hatte.«

In Hannover 1988 betonte der Generalsekretär Emilio Castro mit Recht, die ökumenische Bewegung sei wesentlich breiter als der Ökumenische Rat der Kirchen. Er spielte da auf die verschiedenen Kirchen an, die noch nicht Mitglied, und doch zunehmend ökumenisch gesinnt sind, vor allem auf die römisch-katholische Kirche. Bei allem Respekt für die Tätigkeit des Ökumenischen

Rates der Kirchen haben die beiden Päpste, Paul VI. und Johannes Paul II., bei ihren Besuchen in Genf ein deutliches Nein zur Mitgliedschaft ausgesprochen. Man muß ehrlich sagen, daß auch Genf bei einem möglichen Beitritt in arge Verlegenheit geriete. Dies würde große organisatorische Probleme schaffen. Denn die katholische Kirche mit ihren 900 Millionen Mitgliedern, also mehr als doppelt soviel wie die 300 anderen Kirchen zusammen, und mit ihrer straffen Struktur würde die anderen erdrücken. So bleibt es wohl für längere Zeit bei der Formel: Ökumenische Partnerschaft, aber nicht unbedingt formelle Mitgliedschaft.
In der Tat hat sich die katholische Mitarbeit in den verschiedenen Programmen des Rates ständig weiter entwickelt. In der Kommission für Glauben und Kirchenverfassung sind 10 % der Mitglieder katholische Theologen; bei der Kommission für Weltmission und Evangelisation, beim Konziliaren Prozeß für Gerechtigkeit, Frieden und Bewahrung der Schöpfung sind katholische Mitarbeiter dabei. Die Zahl der Begegnungen einzelner Untereinheiten mit den entsprechenden Stellen im Vatikan ist groß.
Erfreulich ist, daß das erwähnte Baseler Treffen voll ökumenisch durchgeführt wurde und eine in ihrer Art erstmalige ökumenische Euphorie auslöste. Weniger erfreulich war, daß der Vatikan die dringliche Bitte Genfs, für die Weltversammlung in Seoul als Kopartner miteinzuladen, »mit dem Blick auf die Verschiedenartigkeit der Strukturen« zurückwies und bloß in der Vorbereitungskommission auf bescheidene Weise mitarbeitet. Das hat zur Folge, daß Seoul nicht eine »Weltversammlung der Christen«, sondern bloß eine Angelegenheit des Weltkirchenrates sein wird und somit beträchtlich an Durchschlagskraft einbüßt. Da stellte man also Strukturfragen in den Vordergrund, statt sie der Zukunft zu überlassen, und erst einmal Hand in Hand für das Heil der Welt zusammenzuarbeiten. Warum muß man immer noch die unheilvolle Spaltung der Kirchen mehr als nötig dokumentieren und so zementieren?

Gut, daß die Basis auf lokaler, nationaler und kontinentaler Ebene mutiger vorangeht. Da gibt es gegenwärtig immerhin in 70 Ländern einen »Nationalen Kirchenrat« oder eine »Arbeitsgemeinschaft christlicher Kirchen«, wo die katholische Kirche mit den anderen Kirchen am runden Tisch sitzt, um gemeinsame Probleme gemeinsam voranzubringen. Die Ökumene hat sich von der Ebene der Pioniere und Charismatiker, die zwischen 1920 und 1960 unter vielen Schwierigkeiten der Idee die Bahn brachen, auf die Ebene der Kirchenspitzen verlagert mit den sensationellen Gipfeltreffen zwischen Rom und Istanbul, Rom und Canterbury, Rom und Genf. Jetzt scheint man auf dieser Ebene festgefahren zu sein. Die entsprechenden Theologen-Kommissionen kommen zum Ergebnis, daß die noch bestehenden Glaubensunterschiede nicht mehr kirchentrennend wirken müßten, daß nicht ein vollständiger Konsens vorausgesetzt werden müsse, um sich gegenseitig als Kirchen Christi anzuerkennen, daß im Gegenteil ein gewisses Maß von Verschiedenheit nicht bloß geduldet, sondern begrüßt werden sollte, weil keine einzelne konkrete Kirche, sondern nur verschiedene Kirchen mit verschiedenen Akzenten die Fülle des Kircheseins zum Ausdruck bringen. Demgegenüber betont der Papst bei jeder Gelegenheit die »volle, volle, volle Einheit«. Mit dieser Formel wird man auch im dritten Jahrtausend noch nicht zur gewünschten Einheit kommen. O. Cullmann folgert zu Recht, die Vielfalt der verschiedenen Gaben, die alle vom selben Geist stammen, betreffe nicht bloß die einzelnen Christen, sondern auch die einzelnen Kirchen. Darum Einheit nicht trotz, sondern durch Vielfalt!« In der Vielheit besteht der Reichtum der Fülle des Heiligen Geistes. Wer diesen Reichtum nicht respektiert und Uniformität will, sündigt gegen den Heiligen Geist.« Das müßten sich die römischen Behörden ins Gewissen schreiben.

Trotz dieser Blockierungen darf man nicht müde werden zu treiben, zu denken, zu handeln. Gott soll im Zusammenhang mit der Einheit nicht allzu schnell mit ins Spiel gebracht werden, als ob nur er den Kirchen die Einheit schenken könnte. Die Einheit wird nicht eines Tages vom Himmel fallen, sondern muß wie ein Keimling Jahr für Jahr wachsen. Die Kirchen machten sich schuldig an der Spaltung. Sie können sich nur ent-schuldigen durch mutigen Einsatz für die Einheit.

Dieses Jahrtausend war gekennzeichnet von den großen Spaltungen, 1054 mit der byzantinischen Kirche, 1517 mit den Reformationskirchen. Man sollte diese Differenzen nicht ins kommende Jahrtausend hineinschleppen, oder sie dann spätestens um 2017 bzw. 2054 endgültig begleichen. »Wer nicht den Mut zum Träumen hat, hat nicht die Kraft zum Kämpfen« (P.M. Zulehner). »Selig die Träumenden, denn sie riskieren, daß einige ihrer Träume Wirklichkeit werden« (H. Camara).

So geschah am 22. August 1948 in Amsterdam kein Wunder, aber immerhin begann eine neue Wachstumsphase in einem längst fälligen Prozeß, den man mit Mut zu den weiteren Konsequenzen durchtragen soll. Die Kraft dazu schöpfen wir im Evangelium: »Es ist nahezu unmöglich, die Bibel zu lesen und sich mit der gegenwärtigen Spaltung abzufinden. Der Widerspruch ist zu groß, als daß wir auf die Dauer damit leben könnten« (Lukas Vischer).

1948: Als die Menschenrechte deklariert wurden ...

Man muß sich nicht wundern, wenn heute soviel von »New age« geschwärmt wird, wenn die Literatur darüber Regale füllt, wenn viele Menschen instinktiv von einer neuen, besseren Zeit träumen. Denn einerseits ist die Ausgangslage der gegenwärtigen Zeit düster und trostlos genug, um wie aus Notwehr wenigstens in der Hoffnung in eine bessere Zukunft zu fliehen. Andererseits liegen Anzeichen vor, die uns tatsächlich in verschiedenen Bereichen einen neuen Aufbruch anzeigen.

So hat F. Capra z.B. nachgewiesen, wie auf dem Gebiet der Naturwissenschaften, besonders ihrer Königin, der Kernphysik, ein »Paradigmen-Wechsel« im Gang ist. Noch vor 50 Jahren glaubten die Wissenschaftler, daß ihre Erkenntnisweise der einzig gültige Zugang zur Wirklichkeit sei, daß man den Mechanismus der Naturgesetze im Griff habe und man mit der vorgegebenen Materie beliebig manipulieren könne. Seit A. Einstein die Relativitätstheorie und W. Heisenberg die Quantentheorie vorlegten, hat man jene Sicherheit verloren und übergibt sich gern der ganzheitlichen Erkenntnisweise, die, auch im Zusammenhang mit der östlichen und westlichen Mystik, den Glauben und das Geheimnis annimmt (Wendezeit. Bausteine für ein besseres Weltbild, Bern 1982). Ähnlich hat H. Küng den Paradigmen-Wechsel in der Theologie aufgezeigt, indem man von der scholastisch-abstrakten, rationalen, gegenreformatorischen, exklusiven zu einer biblischen, existentiellen, glaubenden, ökumenischen, inklusiven Theologie komme, die große Hoffnung für die Zukunft in sich schließe (Theologie im Aufbruch. Eine ökumenische Grundlegung, München 1987).

So spricht man auch auf gesellschaftlicher Ebene von einem Paradigmen-Wechsel, von einem neuen Modell, einem neuen Muster. Im feudalistischen, monarchistischen, patriarchalen System galt die Autorität einzelner Persönlichkeiten, des Adels und des Klerus, und die gewöhnlichen Menschen hatten einfach zu gehorchen; dies sah man als gottgewollte und unveränderliche Ordnung an. Inzwischen aber sind alle Menschen als Personen entdeckt und aufgewertet worden, so daß allen die gleichen Rechte und die gleiche Würde zukommen.

Die Idee der Menschenrechte stammt zwar nicht erst von heute, aber ihre Verwirklichung hat doch eine mühsame Geschichte. Die amerikanische Unabhängigkeitserklärung vom 4. Juli 1776 begann mit den berühmten Sätzen: «Folgende Wahrheiten erachten wir als selbstverständlich: Daß alle Menschen gleich geschaffen sind; daß sie von ihrem Schöpfer mit gewissen unveräußerlichen Rechten ausgestattet sind; daß dazu Leben, Freiheit, und Streben nach Glück gehören ...« Während der Französischen Revolution, als die absolutistische Königsherrschaft abgewirtschaftet hatte, nahm die Nationalversammlung am 27. August 1789 die »Erklärung der Rechte des Menschen und des Bürgers« an, denn »die Unkenntnis und das Vergessen oder die Mißachtung der Rechte des Menschen sind die alleinige Ursache des öffentlichen Unglücks und der Verderbtheit der Regierungen«. Deshalb will man nun die »natürlichen und unveräußerlichen und geheiligten Menschenrechte darlegen ...« Die russische Oktoberrevolution 1917 garantierte nach dem Zusammenbruch der Zarenherrschaft in den nachfolgenden Staatsverfassungen die Grundrechte des Staatsbürgers und verurteilte jegliche Unterdrückung der Menschen durch Menschen. Man weiß, daß diese beiden Revolutionen die proklamierten Menschenrechte in der Praxis auf sehr unmenschliche Weise mit Füßen getreten haben.

Schließlich wollten die Vereinten Nationen nach dem Grauen des Zweiten Weltkrieges eine neue, hoffnungsvollere Welt aufbauen und allen Menschen aller Staaten die Grundrechte zusichern. Am

10. Dezember 1948 hat die Generalversammlung der UNO im Palais Chaillot in Paris mit 48 Stimmen und 8 Enthaltungen (die Ostblockländer, die Südafrikanische Union und Saudi-Arabien), aber ohne Gegenstimme, die Allgemeine Erklärung der Menschenrechte genehmigt und verkündet. In 30 Artikeln werden Zug um Zug diese Rechte umschrieben:

»Artikel 1: Alle Menschen sind frei und gleich an Würde und Rechten geboren. Sie sind mit Vernunft und Gewissen begabt und sollen einander im Geiste der Brüderlichkeit begegnen.
Artikel 2: Jeder Mensch hat Anspruch auf die in dieser Erklärung verkündeten Rechte und Freiheiten ohne irgendeine Unterscheidung, wie etwa nach Rasse, Geschlecht, Sprache, Religion, politischer oder sonstiger Überzeugung.
Artikel 3: Jeder Mensch hat das Recht auf Leben, Freiheit und Sicherheit der Person.
Artikel 4: Niemand darf in Sklaverei oder Leibeigenschaft gehalten werden.
Artikel 5: Niemand darf der Folter oder grausamer, unmenschlicher oder erniedrigender Behandlung oder Strafe unterworfen werden.
Artikel 6: Jeder Mensch hat überall Anspruch auf Anerkennung als Rechtsperson.
Artikel 7: Alle Menschen sind vor dem Gesetz gleich und haben ohne Unterschied Anspruch auf gleichen Schutz durch das Gesetz.
Artikel 8: Jeder Mensch hat Anspruch auf wirksamen Rechtsschutz vor den zuständigen innerstaatlichen Gerichten gegen alle Handlungen, die seine ihm nach der Verfassung oder nach dem Gesetz zustehenden Grundrechte verletzen …«

Also ein Programm, das alle unterdrückten und rechtlosen Menschen aufatmen lassen mußte. Nun besaß man ein Dokument, auf das man sich berufen, eine Instanz, an die man appellieren konnte.

Die Menschheit war in ihrem Rechtsempfinden eine Stufe höher gestiegen! Freilich, schon in der Präambel hieß es vorsichtig, diese Erklärung der Menschenrechte werde »als das allen Völkern und Nationen zu erreichende gemeinsame Ziel« betrachtet. Ein Ziel also, zu dem erst ein langer Weg führt! Die feierliche Erklärung mußte hernach in Konventionen gefaßt und von den einzelnen Staaten angenommen werden, um völkerrechtliche Verbindlichkeit zu bekommen. Noch immer fehlt die weltweite Anerkennung und vor allem die praktische Umsetzung in vielen Ländern. Im Grunde muß man traurig feststellen, daß die Menschenrechte in den Jahrzehnten seit ihrer feierlichen Verkündigung ständig verletzt wurden. Und für das 40-Jahr-Jubiläum, 1988, registriert Friedensnobelpreisträger, Erzbischof Desmond Tutu von Kapstadt, geradezu einen »Rekord an Menschenrechtsverletzungen in Afrika«. »An jedem Tag werden in wenigstens zwei Dritteln aller Länder dieser Welt Menschen gefoltert, Unschuldige inhaftiert, unter Anklage gestellt, ihnen das Betreten des Vaterlandes untersagt. Sie werden aus ihrem Vaterland ausgewiesen, werden verbannt oder es wird ihnen die Zuflucht in fremde Staaten verwehrt, wenn sie vor der Repression in ihrem eigenen Land auf der Flucht sind. Und viele werden getötet. An jedem Tag werden Menschen verhungern oder an Krankheiten leiden, die auf Unterernährung und fehlendem Trinkwasser beruhen. Es stellt sich die Frage, ob am 10. Dezember 1948 nur ein Traum in Worte gefaßt wurde« (G.M. Sierck).
Dieses globale Urteil wird durch einen 300seitigen Bericht erhärtet, den Amnesty International zum 40. Jahrestag der Erklärung der Menschenrechte herausgab. Darin wird gesagt und belegt, daß in über der Hälfte der 135 untersuchten Staaten im vergangenen Jahr Personen als »subversiv« inhaftiert wurden, bloß weil sie ihre Überzeugung äußerten, daß in zahlreichen Ländern Regierungen »unangenehme Bürger entführen und umbringen, oft durch sogenannte unidentifizierbare Gruppen, Todesschwadrone, die mit den Regierungstruppen zusammenarbeiten«. In Europa

werden vor allem jene 14 Staaten kritisiert, in denen junge Menschen, die aus Gewissensgründen den Waffendienst verweigern, ins Gefängnis gehen müssen.
Auch in den Wirtschaftsstrukturen der einzelnen Länder und des internationalen Handels wäre vieles anzuklagen. Indien z.B. hat in guten Jahren einen Getreideüberschuß, aber die Zahl der Hungernden wird deshalb nicht kleiner, weil diesen die Kaufkraft fehlt. Die großen Agroindustrien exportieren lieber Proteine in die reichen Länder als sie den Hungernden zur Verfügung zu stellen. Es gibt zwei Weisen zu töten: einen Menschen mit dem Dolch umbringen und Nachbarn hungers sterben lassen. Das eine wird geahndet, das andere geht straflos aus.
Die Frage der Flüchtlinge gehört ebenfalls in dieses dunkle Kapitel. Nach dem Zweiten Weltkrieg – auf Grund des völkerrechtlich umstrittenen Potsdamer Abkommens von 1945 – wurden an die 2,4 Millionen deutsche Ansiedler aus der Tschechoslowakei, 2 Millionen aus Polen, 178 000 aus Ungarn ausgesiedelt. Beim Einmarsch der sowjetischen Truppen in Ungarn flohen 200 000, beim Ende des »Prager Frühlings« 1968 über 100 000 Leute. Von 1970 an wurde die Fluchtbewegung vor allem eine Erscheinung in Ländern der Dritten Welt, weil dort durch Stammesfehden und politische Rivalitäten zahlreiche Individuen und Gruppen ihres Lebens nicht mehr sicher sind. In Afrika z.B. gab es 1964 rund eine halbe Million Flüchtlinge, 1975 wurde die Millionengrenze erreicht, 1985 belief sich die Zahl auf fünf Millionen. Weltweit geben die Statistiken heute 13,3 Millionen Flüchtlinge an.
Europa bekommt das auch zu spüren. Wenn auch die Fluchtbewegung vor allem in der Süd-Süd-Richtung verläuft und neun von zehn Flüchtlingen aus Entwicklungsländern in jener Weltregion bleiben, so versuchen doch immer mehr Menschen an die Tore Europas zu klopfen in der Hoffnung, in diesem Traumland ein sicheres und besseres Leben zu führen. Wenn es sich um echte Asylbewerber handelt, d.h. um solche, die in ihrer Heimat bedroht

waren, leistet man meist die nötige Hilfe. Wenn aber Verdacht besteht, daß es »Wohlstands-Asylanten« sind, verfährt man oft hart mit ihnen und vergißt, daß in den Jahren 1820 bis 1920 rund 55 Millionen Europäer als »Wohlstands-Asylanten« in andere Kontinente, in die beiden Amerika und nach Australien, auswanderten.

So klafft die Frage der Menschenrechte in Theorie und Praxis weit auseinander. Wo immer Menschen zu Unrecht verfolgt, gefoltert, getötet, hart abgewiesen werden, geschieht die »Sünde der Welt«, die zum Himmel schreit. Denn es geht immer um Menschen, die in sich die unveräußerliche Würde tragen und nach christlicher Auffassung Ebenbild Gottes und Jesus in Person sind. Die Kirchen haben sich darum mehr als die zivilen Instanzen für die Einhaltung der Menschenrechte einzusetzen. Leider haben sie in der Geschichte der Menschenrechtsbewegung nicht die Führungsrolle innegehabt. Im Gegenteil, die Päpste von Pius VI. an haben z.B. die Idee der Freiheit und Gleichheit, auch der Religionsfreiheit, als mit der Vernunft und Offenbarung unvereinbar erklärt, obwohl diese Ideen im echten christlichen Boden verwurzelt sind. Erst verspätet hat die Kirche »ihr sozusagen illegitimes Kind adoptiert« (R. Spaemann), indem das II. Vatikanische Konzil im Dekret »Dignitatis humanae« die Gewissens- und Religionsfreiheit offiziell anerkannte. Papst Johannes Paul II. bezeugte bei seinem Besuch in Frankreich 1980 in einer Predigt, daß die Ideen der Französischen Revolution, Freiheit, Gleichheit, Brüderlichkeit, christliche Ideen seien. Auch wenn sich die Urheber dieser Formel damals nicht auf die Ewige Weisheit berufen hätten, hätten sie trotzdem zum Wohl der Menschheit gehandelt!

Heute freilich sind die Kirchen sehr wach für diese Anliegen. Sowohl der Weltkirchenrat in Genf wie auch der Papst in seinen vielen Reden, sowie die Bischöfe und Bischofskonferenzen der Dritte-Welt-Länder prangern Verletzungen dieser Art offen an und ermuntern die Christen, sich als Christen nicht bloß ums

Beten zu kümmern, sondern auch um Frieden und Gerechtigkeit in der Welt, also Mystik und Politik zu verbinden. Die deutsche Zeitschrift »Weltkirche«, herausgegeben von den Hilfswerken Adveniat, Misereor, Missio, veröffentlicht laufend Dokumente von Bischöfen der Dritten Welt, welche alle Arten von Gewalt und Krieg, Ausbeutung und Korruption, brandmarken und so zur Stimme des Volkes werden, das keine Stimme hat.

Mit der Anerkennung aller Menschen als Personen mit Gewissens- und Religionsfreiheit ist das Regieren in Kirche und Staat nicht leichter geworden, im Gegenteil. Die Autoritäten müssen sich mit dieser neuen Situation abfinden. Sie sollen nicht mehr in zentralistischen, autoritären Maßnahmen über die Menschen verfügen, die guten Gegengründe überfahren, sondern miteinander reden, aufeinander hören, nicht mehr unmündigen Kindern befehlen, sondern prinzipiell vernünftigen Menschen begründen; auch eine legitime Pluriformität als sinnvoll, weil menschen- und gottgemäß, befürworten. Der Sinn für die Menschenrechte ist jedenfalls in weiten Kreisen in Kirche und Staat erwacht. Er läßt sich hoffentlich nicht mehr erdrosseln. Man darf somit die Hoffnung nicht aufgeben, daß »das von allen Völkern und Nationen zu erreichende gemeinsame Ziel« nicht in den Wolken entschwinde, sondern auf dieser Erde immer mehr eingeholt werde.

Manch aufmerksamer Beobachter fordert heute allerdings zu Recht, daß die Kirche mit gleicher Intensität die Umsetzung elementarer Menschenrechte bzw. Christenrechte in der Kirche betreiben solle wie sie dies nach außen – Gott sei Dank – fordert. Die Glaubwürdigkeit solchen Engagements hängt wesentlich auch von der Realisierung jener Rechte im Gefüge der Kirche ab (vgl. dazu mein Buch »Wer Augen hat zu sehen ...«, Graz 1989).

1955: Als der Kolonialismus ins Wanken geriet …

Man kann sich die Abnormalität des Kolonialismus gar nicht krass genug vorstellen. Denken wir uns einmal, die Türken wären 1683 vor Wien nicht besiegt worden, sondern hätten von dort aus ganz Europa überflutet, die bestehenden Regierungen abgesetzt, Türkisch als Schul- und Verkehrssprache eingeführt, unsere Kultur und Religion ins Lächerliche gezogen und uns dafür den Islam als die einzig wahre Religion mehr oder weniger aufgenötigt: Wir hätten uns knirschend der Übermacht gebeugt, aber sehnlichst auf die Gelegenheit gewartet, dieses Joch abzuschütteln, und hätten für alle Zeiten unsere Antipathie gegen jenes Regime und Volk zum Ausdruck gebracht.
Genauso ist der weiße Mann mit den Völkern der südlichen Kontinente verfahren. Vom 16. Jahrhundert an haben zuerst Spanien und Portugal die Neue Welt unter sich aufgeteilt, mit dem Unterschied, daß Spanien seine Gebiete im südlichen Amerika völlig durchdrang, während das kleine Portugal in seinen riesigen Gebieten Afrikas und Asiens bloß an den Küsten gewisse Brückenköpfe aufbauen und unter Kontrolle halten konnte. Später kamen die anderen europäischen Mächte hinzu. Noch 1885 haben Großbritannien, Frankreich, Belgien und Deutschland am Berliner Kongreß Afrika unter sich aufgeteilt und sich gegenseitig die Grenzen anerkannt, ohne daß auch nur ein einziger Afrikaner dabei gewesen wäre.
Eine solche Fremdherrschaft konnte nicht auf festen Füßen stehen. So organisierten sich nach der Freiheitserklärung der USA 1782 überall nationale Bewegungen, die in zwei großen Schüben von je 20 Jahren ihre Ziele erreichten, von 1820 bis 1840 in La-

teinamerika, von 1945 bis 1965 in Afrika und Asien. Dieser zweite Dammbruch erfolgte als Nachwirkung des Zweiten Weltkrieges. Da hatten sich die Kolonialländer noch einmal für die Kolonialmächte mobilisieren lassen. Aber nachher stellten sie dafür die Rechnung und forderten ihre Unabhängigkeit. 1947 eröffnete Indien den Reigen, 1949 folgte Indonesien, in den 50er Jahren die nordafrikanischen, in den 60er Jahren die schwarzafrikanischen Staaten, wobei viele der Hauptexponenten wie Pandit Nehru (Indien), Sukarno (Indonesien), Kwame Nkrumah (Ghana) für ihre Initiativen ins Gefängnis wandern mußten.
1775, also kurz vor der Französischen Revolution, lebten zwei Drittel der Weltbevölkerung unter Kolonialherrschaft, 1945 noch die Hälfte, 1975, als sich die portugiesischen Kolonien Mosambik, Angola, Guinea Bissau die Unabhängigkeit errungen hatten, hatte die Kolonialära praktisch ihr Ende gefunden.
Diese »Rebellen-Bewegungen« hatten einen großen Auftrieb gefunden, als die höchste Weltautorität, die UNO-Generalversammlung 1952, mit überwältigender Mehrheit von 42 gegen 7 Stimmen und 5 Enthaltungen beschloß, in die Konvention über die Menschenrechte auch einen Artikel über das Selbstbestimmungsrecht der Völker einzufügen. Der Artikel bekam folgenden Wortlaut: »Alle Völker, alle Nationen sollen das Recht der Selbstbestimmung haben, nämlich das Recht, frei ihren politischen, wirtschaftlichen, sozialen und kulturellen Status zu bestimmen.«
Mit einem anderen noch spektakuläreren Ereignis feierten die Unabhängigkeitsbewegungen ihren Triumph, nämlich mit der ersten afroasiatischen Konferenz in Bandung/Indonesien vom 19. bis 24. April 1955. Hier kamen 340 Vertreter von 23 asiatischen und 6 afrikanischen bereits unabhängigen Ländern, die 1,4 Milliarden Menschen vertraten, zusammen mit einer Anzahl von Führern nationaler Befreiungsbewegungen. Erstmals mußte nun die Welt zur Kenntnis nehmen, daß man es nicht mehr bloß mit isolierten Bewegungen, sondern mit einem kollektiven Zusammenschluß

und entsprechendem Druck im Interesse der Entkolonialisierung zu tun hatte.
Diese Staaten verkörperten unter allen Gesichtspunkten eine unerhörte Vielfalt, vom aggressiven Islam zum toleranten Buddhismus, vom Riesenreich China zum kleinen Yemen, vom kommunistischen Tschu En-Lai zum westlich orientierten Kwame Nkrumah, vom hochindustrialisierten Japan zum traditionellen Afghanistan, von Staaten mit Priesterherrschaft und absoluter Monarchie wie Saudi-Arabien zu solchen mit liberalen Verfassungen wie Indien, – ganz abgesehen von der Vielfalt der Sprachen, die sie redeten. Nur zwei Elemente schweißten sie zusammen: Nicht weiß zu sein, sondern die farbigen Völker zu vertreten, und die feindliche Einstellung zum Kolonialismus, zum europäisch-amerikanischen Westen, der bisher allein das große Wort in der Welt geführt hatte. Diese so verschiedenen Völker stellten jene konkreten Probleme hintan, die sie kontrovers einschätzten, und fanden sich auf dem einen gemeinsamen Nenner: »Wir, die farbigen Völker Asiens und Afrikas …« Die vielen Reden, die gehalten wurden, bekundeten den tiefen Abscheu, den man gegenüber jeder Form von Fremdherrschaft empfand.
Der Präsident der indonesischen Republik, Dr. Sukarno, der sein Land der 3000 Inseln zur Unabhängigkeit und zur Einheit geführt hatte, erklärte in seiner Eröffnungsansprache: »Uns alle vereint – dessen bin ich sicher – der gemeinsame Haß gegen den Kolonialismus, in welcher Form auch immer er in Erscheinung tritt. Für unser Land ist der Kolonialismus noch in aller Erinnerung. Wir haben ihn in seiner ganzen Grausamkeit kennengelernt. Wir haben das unbeschreibliche menschliche Elend erlebt, das in der von ihm hervorgerufenen Armut zum Ausdruck kommt … Viele Generationen hindurch verharrten unsere Völker in Schweigen, weil sie nicht die Möglichkeit hatten, ihrer Stimme Gehör zu verschaffen. Die uns betreffenden Entscheidungen wurden von anderen getroffen, die dabei in allererster Linie die eigenen Interessen im Auge hatten. Jetzt aber sind wir nicht mehr die Werk-

zeuge, die den Interessen der anderen dienen. Da wir nicht mehr der Spielball höherer Kräfte sind, befinden wir uns heute hier als Vertreter freier Völker!«
Nach vielen ähnlichen Ausführungen anderer Staatsmänner formulierte das Schlußkommuniqué u.a.: »Alle Völker müssen das Recht der Selbstbestimmung haben. Freiheit und Unabhängigkeit müssen unverzüglich allen Völkern möglich werden, denen man sie bisher noch vorenthalten hat.«
Um solchen Postulaten auf internationaler Ebene mehr Gehör zu verschaffen, gründete man die bleibende Einheitsfront der farbigen Völker. Sie bezweckte, die Spaltung der Welt in Kolonialmächte und Kolonialvölker endgültig zu überwinden. Zugleich sollte aber auch die Spaltung in Kommunisten und Antikommunisten, von der damals das Weltbild geprägt war und die den Kalten Krieg immer gefährlichere Ausmaße annehmen ließ bis zur Gefahr eines neuen Weltkrieges, beseitigt werden. Die afro-asiatischen Länder brachten ihre Entschlossenheit zum Ausdruck, einen »Dritten Block« zu bilden, weder an den Ost- noch an den West-Block gebunden, sondern ein Gleichgewicht der Welt herstellend. So fing man an, von der »Dritten Welt« zu reden, was zunächst geographisch zu verstehen war, neben dem Ost- und West-Block der Süd-Block, aber dann auch ideologisch. Man versuchte, das Zünglein an der Waage zu spielen und die beiden anderen Blöcke zur Vernunft und zur Versöhnung zu bringen.
Wiederum Präsident Sukarno: »Eine Machtpolitik können wir uns nicht leisten. Für uns ist Politik keine Angelegenheit, die man mit den Knüppeln ausficht. Unsere Politiker werden auf ihren verschiedenen Betätigungsgebieten nicht von schlagkräftigen Geschwadern unterstützt. Trotzdem können wir vieles tun. Wir können der Stimme der Vernunft bei den Diskussionen der Welt Gehör verschaffen. Wir können alle geistigen, moralischen und politischen Kräfte Asiens und Afrikas für friedliche Zwecke mobilisieren. Wir können dem Rest der Welt, jener Minderheit, die

die anderen Kontinente bevölkert, beweisen, daß wir, die Mehrheit, für den Frieden, nicht für den Krieg sind ...«
Bandung blieb nicht ohne Nachwirkungen. Im Jahr darauf, 1956, konnte es sich Ägypten leisten, den Suezkanal, der einem internationalen Konsortium gehörte, zu nationalisieren, und der Westen mußte erstmals dem Lauf der Dinge machtlos zusehen. 1957 fand in Kairo die zweite, 1958 wiederum in Kairo die dritte afroasiatische Konferenz statt, um vor allem den afrikanischen Kolonien die moralische Schützenhilfe zu leihen. Zehn Jahre nach Bandung waren sie alle befreit, nur die drei portugiesischen Kolonien brauchten noch zehn weitere Jahre.
Bandung hatte also große Zeichen- und Symbolwirkung. Die Konferenz hatte erstmals die Entschlossenheit der jungen Staaten signalisiert. Sie hat den Vorstoß der einen Hälfte der Menschheit, die bisher als »quantité négligeable« betrachtet war, in den Bereich der Weltpolitik als unumstößliche Tatsache sichtbar gemacht. Sie hat die Phase des seit Jahrhunderten wie selbstverständlich gehandhabten Kolonialismus zu Ende gebracht und damit die neue Gestalt der einen Welt grundgelegt. Zum ersten Mal auch »saßen hier West und Ost gemeinsam als Exponenten des Kalten Krieges auf der Anklagebank des sich am Horizont bereits abzeichnenden Nord-Süd-Konfliktes« (H. Bräker).
Erst jetzt konnte Weltgeschichte im eigentlichen Sinn beginnen. Was bisher z.B. in der Schule als Weltgeschichte bezeichnet wurde, war praktisch nur die Geschichte Europas und der europäischen Unternehmungen in anderen Kontinenten. Die anderen waren Objekt unserer Geschichte. Jetzt wurden sie Subjekt ihrer eigenen Geschichte. Seit Kolumbus hatte man die Welt geographisch entdeckt und politisch-wirtschaftlich beherrscht. Jetzt fing man an, die Welt menschlich zu entdecken und – wohl oder übel – als eigenständig ernst zu nehmen.
Daß Kolonialismus folgenschwer mit westlicher Christianisierung einherging, habe ich bereits früher beschrieben. So wie Kolonialismus mit Religion zu tun hatte, indem die spanisch-portu-

giesischen Seefahrer die fernen Länder entdeckten und eroberten, um dort den »wahren Glauben« auszubreiten, und wie der portugiesische Präsident Salazar noch in den 70er Jahren die portugiesischen Kolonien zu halten suchte, weil sein Land dort, wie er sagte, eine heilsgeschichtliche Sendung zu erfüllen habe – wenn auch im Lauf der Zeiten nicht wenige Missionare kritische Distanz nahmen von den Praktiken der Kolonialherren –, so hatte auch wieder die Entkolonialisierung häufig einen Zusammenhang mit Religion. Die ersten einheimischen »Rebellen« waren recht oft Christen, die von der Bibel, vorab vom Alten Testament, inspiriert waren und sich an Mose hielten, um ähnlich wie er ihr Volk in die Befreiung zu führen. Solche Bewegungen trugen nicht selten etwas Fanatisch- Messianisches an sich.

Die Dritte-Welt-Bewegung hat gewiß lange nicht alle ihre Versprechen eingelöst. International blieb sie nicht der dritte Block der ungebundenen Länder, sondern spaltete sich selbst mehr und mehr in ost- oder westorientierte Nationen. Diese Länder ließen sich also insofern doch in den Kalten Krieg einbeziehen. National aber folgte nach der Euphorie der Unabhängigkeitsfeiern allzu bald die Ernüchterung: Der graue Alltag mit wirtschaftlicher Misere, mit Willkür-Regimen, mit Korruption, mit Stammeskriegen zog ein. Es tut einem leid um diese nach Frieden, Entwicklung und Menschenwürde hungernden Menschen. Wir müssen ihnen Zeit lassen. Auch wir brauchten viel Zeit – und sind doch bis heute keine Modell-Nationen geworden.

Trotzdem, die Dritte Welt ist eine Realität, mit der man rechnen muß. Sie beherrscht mit zwei Dritteln der Stimmen die UNO, wo die Supermächte oft niedergestimmt werden. Dennoch können sie sich nicht aus diesem Weltforum herausziehen, denn es ist das einzige dieser Art auf der Welt. Die Dritte Welt wird im Jahr 2000 vier Fünftel der Menschheit ausmachen. Von 80 Millionen Menschen, um welche die Weltbevölkerung jährlich zunimmt, fallen 70 Millionen auf die Dritte Welt. Der »Aufstand der Armen« könnte eine Französische oder Russische Revolution auf

Weltebene werden. Der Westen kann sich nicht mehr in seiner wirtschaftlichen und politischen Überlegenheit bloß um die eigenen Interessen kümmern. Es muß sich auch hier eine kopernikanische Revolution ereignen, indem das eurozentrische vom kosmozentrischen Weltbild abgelöst wird. Die Kolonialländer kreisen nicht mehr um Europa; alle Länder kreisen gemeinsam um die Weltachse, um die eine Menschheit und die eine Weltgeschichte sinnvoll und solidarisch zu gestalten.

1962: Als Johannes XXIII. das Konzil eröffnete …

In der Galerie der 263 bisherigen Päpste finden sich natürlich viele überragende Gestalten. Zwei unter ihnen erhielten den Beinamen »der Große«: Leo der Große (440-461) und Gregor der Große (590-604). 86 wurden selig- oder heiliggesprochen.
Ich möchte nun den alten, dicken, kleinen Papst Johannes XXIII. (1958-1963) auch unter die ganz Großen einreihen. In der zweiten Konzilssitzung im Herbst 1963 wurde der spontane Wunsch laut, ihn durch Applaus heilig zu sprechen. Seine Flausen und Fehler fielen nicht ins Gewicht gegenüber der selbstverständlichen Liebenswürdigkeit, mit der er jedem Menschen zugetan war und in der etwas von der »Menschenfreundlichkeit Gottes« (Titus 3,4) aufleuchtete – wie damals in Jesus. Vor allem aber sollte es diesem bescheidenen Bauernsohn von Sotto il Monte bei Bergamo vorbehalten bleiben, wie vielleicht kein anderer Papst vor ihm epochemachend zu wirken, den Anfang einer neuen Geschichtsphase zu setzen, indem er die polemische Opposition gegen die Reformation wie gegen die moderne Aufklärung überwand und dadurch »das Mittelalter beendete« (H. Küng), das bis zu ihm das Denken der katholischen Kirche geprägt hatte.
Menschlich gesprochen war er keineswegs zu einer solchen Leistung prädestiniert. Er stammte aus einer armen Familie und wurde im Geist seiner Zeit sehr rigoros erzogen, so daß er noch als Theologiestudent schrecklich darunter litt, trotz seiner immer wiederholten Vorsätze die vielen Zerstreuungen beim Rosenkranz und in der Betrachtung sowie die vielen selbstgefälligen Gedanken nicht vermeiden zu können. Er erschauderte deswegen geradezu vor Höllenangst und klagte in seinem Geistlichen Ta-

gebuch: »Alles, alles kommt vor das Gericht. Mein Gott, was für ein Schrecken! Welche Sündenlast! Der Gedanke an die Hölle erschreckt mich zutiefst. Nein, ich kann ihn nicht ertragen. Es scheint mir fast unmöglich und ich kann mir nicht vorstellen, daß mein Gott, nachdem er mich so sehr geliebt hat, in seinem Zorn mich verstoßen könnte. Und doch ist dies die reine Wahrheit. Wenn ich meinen Stolz, meinen Hochmut, meine Eigenliebe nicht bekämpfe, so erwartet mich ewige Verdammnis. O ich Unglückseliger! ...«

Mit der Zeit konnte er das Korsett dieser anerzogenen, aber wohl auch als mystische Prüfung zu verstehenden Ängste ablegen. Nun konnte sich sein guter Wesenskern durchsetzen und sich von der Güte Gottes durchwirken lassen, an die er nicht bloß glaubte, sondern die er mit seinem ganzen Gebaren vor den Menschen bezeugte. Jetzt gelang ihm die Wende zu Gottes Weite. Für sein persönliches Leben blieb er seinen geistlichen Übungen bis ins Alter fast kleinlich treu wie ein Novize. Aber das Überraschende und wirklich Charismatische in seinem Leben bestand darin, daß er in seinem kirchlichen Denken und Handeln unerhört großzügig, heutig, modern wurde. Man hat von ihm mit Recht gesagt: »Er war ein Konservativer durch und durch, außer in den wesentlichen Dingen.«

Als junger Professor der Kirchengeschichte im Priesterseminar Bergamo stellte er bereits seinen kritischen Sinn unter Beweis. Er wollte das Fach nicht, wie sonst damals üblich, für blinde Glorifizierung der Kirche und polemische Diffamierung ihrer Feinde mißbrauchen, sondern in aller Redlichkeit auch die menschlichen Seiten der Kirche aufzeigen. Das trug ihm in jener Zeit des Antimodernismus eine Verwarnung von Rom ein, da er – wir lesen so in seinem Tagebuch – von Don G. Mazzoleni, »der zu jenen Zeloten gehörte, die damals in keiner Diözese fehlten«, verklagt worden war. Der Vorfall bedeutete für ihn »ein Motiv tiefster Abtötung, das freilich meinen Seelenfrieden nicht störte«. Als Papst ließ er sich dann aus dem Archiv der Glaubenskongregation seinen Zettel aushändigen, worauf er tatsächlich die Bemerkung vorfand: »Angelo Roncalli: Verdächtigung des Modernismus.« Ein Trost für alle denunzierten Theologen von damals und von heute!

Er wurde darauf Nationaldirektor der Päpstlichen Missionswerke in Rom, dann als Apostolischer Delegat nach Bulgarien und in die Türkei abgeschoben, schließlich zum Nuntius in Paris und hernach zum Patriarchen von Venedig befördert. Aus all diesen Etappen gäbe es viele Anekdoten zu berichten. Eine Feststellung ist besonders erwähnenswert: Damals nannte man allgemein, auch in den päpstlichen Dokumenten, die Millionen von Nichtchristen einfach Heiden, Götzendiener, Ungläubige. Angelo Roncalli hatte sich diesem Sprachgebrauch angepaßt, aber plötzlich verschwanden bei ihm diese Schimpfworte. Ich fragte später seinen damaligen Privatsekretär, den heutigen Erzbischof Loris Capovilla – der mir übrigens spontan bezeugte, daß mein Buch »Wo der Glaube lebt. Einblicke in die Lage der Weltkirche« (1974) ganz im Geiste Johannes XXIII. geschrieben sei –, wessen Einfluß dieser Sprachwandel zu verdanken sei. Er antwortete ohne Zögern: Seit Roncalli Apostolischer Delegat in der Türkei war und die Muslime im Gebet beobachtete, konnte er nicht mehr von »Götzendienern und Ungläubigen« reden, sondern nur noch von Brüdern im einen Gott und Vater: Ein Beispiel, wie er das mittelalterliche Denken, das auf Voreingenommenheit beruhte, aber nicht auf Sachkenntnis, intuitiv durchschaute und ablegte.

Dann kam es zum Konklave 1958. Statt der Vollzahl von 70 Kardinälen lebten zur Zeit nur 53, die Hälfte von ihnen älter als der 77jährige Patriarch Roncalli, – eine sehr beschränkte Auswahl für das wichtigste Amt in der Kirche. In dieser Verlegenheitssituation kamen zwei Stimmungen auf: Man wollte einen »Übergangspapst« und dann beim baldigen nächsten Konklave Montini, den Erzbischof von Mailand, der aber noch nicht Kardinal war, wählen. Zweitens »einen anderen Papst als Pius XII.«, von dessen autoritärem Kurienstil man genug hatte. Mit ihm war nämlich eine Reihe von Pius-Päpsten zu Ende gegangen, die seit 100 Jahren die Kirche in ein theologisches Getto hinein manövriert hatten.

Begonnen hatte es mit Pius IX., der im Syllabus von 1864 alle modernen Ideen, die von der Welt her kamen, samt und sonders verurteilte, ohne mit ihnen ins Gespräch zu kommen und ihre ernsten Anliegen zu bemerken. Auf dieser Liste der »verbotenen Lehren« stand u.a. auch das Ansinnen, der Papst solle auf den Kirchenstaat verzichten. Dies wurde nicht als Zeichen der Zeit erkannt; sechs Jahre später brachte dann die Eroberung durch die Truppen Garribaldis die fällige Lösung. Pius X. hat dann die neuen Ideen, die von der Kirche selbst, von den besten Professoren der Theologie, herkamen, welche die traditionellen theologischen Lehren durch die Ergebnisse der modernen Wissenschaften hinterfragen wollten, mit seiner antimodernistischen Kampagne zum Schweigen gebracht. Pius XII. schließlich, der in manchen Punkten Anschluß an die neue Zeit suchte, hat trotzdem, wie in einer Angstreaktion, mit seiner Enzyklika »Humani generis« von 1950 und mit der schlagartigen Absetzung der führenden französischen Theologen Congar, Chenu, De Lubac, die Tore wiederum zugeschlagen. Man spürte also, daß es endlich »einen anderen Papst« brauche, der zugänglicher, versöhnlicher, offener, seelsorglicher wäre.

Roncalli besaß vor allem das Vertrauen der französischen Kardinäle, die ihn in Paris schätzen gelernt hatten. Aber erst im elften Wahlgang erreichte er die nötige Mehrheit. Als er bemerkte, daß sich sein Schicksal besiegelte, betete er »auf gebeugten Knien, daß das Konklave keine Katastrophe für die ganze Kirche werden möge«. Gewählt, fügte er sich dem Willen Gottes und gab sich den Namen Johannes XXIII., zum Gedenken an Johannes den Täufer, den Vorläufer, der die Zeit der Verheißungen abschloß, und an Johannes, den Lieblingsjünger, der die Zeit der Erfüllung in Jesus in höchstem Maß erfahren konnte. Also – wohl unbewußt – zwei Gestalten der größten Zeitenwende! Als drittes Motiv wollte er, der ehemalige Geschichtsprofessor, die Geschichte mit dem umstrittenen Gegenpapst Johannes XXIII. endgültig zu den Akten legen.

Bei der Krönungspredigt stellte er sich vor mit den Worten Josephs von Ägypten: »Ich bin Joseph, euer Bruder.« Er wollte sagen: Habt keine Angst, ich bin einer wie ihr, einer von euch, ein Mensch unter Menschen, alle von Gottes Huld und Liebe angenommen. Er wußte sich eins mit der Schuld und Armseligkeit, aber auch mit der Hoffnung aller Menschen. In allen erblickte er Gesichter von Freunden, Gesichter von Brüdern. Diesen seinen Lieblingsgedanken wiederholte er bei verschiedenen Gelegenheiten – auch Protestanten, Juden, schlechthin allen Menschen gegenüber. Diese Einfachheit und Zugänglichkeit nach dem vornehmen Pius XII. und dieses Wohlwollen wirkten Wunder. In wenigen Wochen und Monaten hatte er die Sympathien der ganzen Welt gewonnen. Auch die Kreise, die bisher aus guten Gründen in kritischer Distanz zum Papsttum standen, fingen plötzlich an, sich für den Papst zu interessieren. Mit ihm zog ein »johanneischer Frühling« über Kirche und Welt, erwachte eine wirkliche Euphorie, eine wahrhaft messianische Hoffnung.

Das krasseste Beispiel dieses Ausbruchs in die Welt lieferte sein neues Verhältnis zu den Kommunisten. Pius XII. hatte noch für ganz Italien die strikte Weisung erlassen, man müsse alle Beichtenden fragen, ob sie der Kommunistischen Partei angehörten. Wenn ja, mußte ihnen die Lossprechung verweigert werden. Johannes XXIII. vertrat die Meinung, die er dann auch in der Enzyklika »Pacem in terris« darlegte, Irrtum sei und bleibe Irrtum, so auch die marxistische Ideologie des Materialismus. Aber die irrenden Menschen verdienten nichtsdestoweniger als Menchen, als Ebenbilder Gottes, höchste Achtung. So heckte er den unerhörten Streich aus, P. Togliatti, den Sekretär der Kommunistischen Partei Italiens, der nach Moskau fahren wollte, durch einen Mittelsmann zu bitten, Chruschtschow, dem Zentralsekretär der Kommunistischen Partei der Sowjetunion, nahezulegen, ihm, dem Papst, zum 80. Geburtstag ein Glückwunschtelegramm zu senden. Das geschah prompt, zum höchsten Erstaunen der ganzen Welt. Zwei Jahre später empfing er, trotz des Neins von Kardinal Ottaviani von der Glaubenskongregation, Chruschtschows Schwiegersohn A. Adschubej samt dessen Gattin. Zeichen der Auflockerung verhärteter Fronten!

Die eigentliche Großtat dieses Papstes wurde seine unerwartete Ankündigung eines Konzils am 25. Januar 1959. Er betonte nachher wiederholt, das sei nicht Ergebnis seiner historischen Studien gewesen, sondern eine plötzliche Eingebung des Heiligen Geistes. »Der am meisten überraschte über meinen Entschluß war ich selber, ohne daß irgendwer mir eine Andeutung gemacht hätte.« Man hat inzwischen gemerkt, daß dies nicht wörtlich zu verstehen war. Schon Pius XI. und Pius XII. hatten sich Gedanken über die Fälligkeit eines Konzils gemacht, aber nicht den Zünder gelegt. Auch im Konklave war von einem möglichen Konzil die Rede gewesen, und er, Johannes, hatte sich in den drei Monaten bis zur Ankündigung intensiv mit dem Gedanken befaßt und auch mit einzelnen Mitarbeitern darüber geredet. Trotzdem war es einer »plötzlichen Eingebung des Heiligen Geistes« zu verdanken, daß er den Gedanken nicht hin und her schob, sondern ihn bei der ersten günstigen Gelegenheit als Beschluß verkündete. Der Roncalli-Papst glaubte also an die Führung durch den Heiligen Geist, nicht nur für die Zusage der päpstlichen Unfehlbarkeit, die er nie in Anspruch nahm, sondern vor allem für die Entscheidungen zum richtigen Handeln und für die zuversichtliche Deutung des Laufes der Geschichte. Einem Vertrauten gegenüber bemerkte er: »Wissen Sie, es ist nicht wahr zu sagen, der Heilige Geist steht dem Papst bei.« Er erklärte dem Erstaunten: »Der Heilige Geist hilft dem Papst nicht. Ich vielmehr bin sein Helfer. Er hat alles getan. Das Konzil ist seine Idee.«

Die Welt nahm die Ankündigung mit Überraschung und Begeisterung auf. Bei der Eröffnung des Konzils sagte der Papst rückblickend: »Sogleich wurden die Anwesenden durch eine plötzliche Bewegung des Geistes, wie von Strahlen eines überirdischen Lichtes, berührt, und alle waren freudig betroffen, wie ihre Augen und Mienen zeigten.« Das traf freilich nicht zu für die vatikanische Kurie. Sie reagierte mit kalter Reserve in der instinktiven Erkenntnis, daß ihre absolutistische Macht durch ein Konzil gefährdet werde – was ja genau der Hintergedanke des schlauen Bauernsohnes war. Im »Osservatore Romano« »korrigierte«, verharmloste man einzelne Sätze der Ankündigungsrede. Auch später wurden mehrere Initiativen des Papstes, z.B. seine Beziehung zu den Kommunisten, nicht veröffentlicht, oder erst verspätet oder nur mit einer kleinen Randbemerkung. »So begann der Prozeß, das Konzil herunterzuspielen, noch am selben Tag, an dem es angekündigt wurde« (P. Hebblethwaite).

Aber schließlich mußte die Kurie der »Laune des alten Mannes« nachgeben und das Konzil akzeptieren, vorausgesetzt, daß sie die Vorbereitung im Griff behalten könne. Der Papst hatte gar keine andere Möglichkeit als ihr diesen Auftrag zu erteilen. So wurde der Kardinal-Staatssekretär Präsident der Zentralkommission, und je ein Kurienkardinal Präsident der zehn Vorbereitungskommissionen. Sie beriefen dann die Mitglieder vorwiegend aus der »römischen Schule«, verfaßten mit ihnen die Arbeitspapiere (Schemata) und rechneten fest damit, daß diese Texte in einem »Blitzkonzil« gelesen und angenommen würden – und alles wäre beim alten geblieben! Ein unverdächtiger Zeuge wie Kardinal Franz König bestätigt diese Interpretation, indem er aussagte: »Ich bemerkte sofort die Absicht der römischen Schule der Theologie, die von der traditionellen Lehre beherrscht war, jeglichen Schritt nach vorne durch das Konzil zu verhindern.« Auch Professor Hubert Jedin, Fachmann für die Geschichte des Konzils von Trient, der Mitglied der Vorbereitungskommission war, schrieb nach einer Sitzung in seinen Lebensbericht: »Ich fürchte sehr, daß die kuriale Partei das Ökumenische Konzil bestimmt: Zusammenfassung der früheren päpstlichen und kurialen Vorschriften, Unterdrückung aller neuen Initiativen ...« Und er, vom

Geschichtsfach her eher konservativ, wurde hier in Reaktion progressiv!
Johannes selbst ließ den Dingen ihren Lauf und blieb zuversichtlich. Er sagte sich im stillen: Wenn dann das Konzil beginnt, nimmt es die Sache schon an die Hand, und es wird gut verlaufen! Immerhin ließ er immer wieder seine Absichten deutlich erkennen. Schon bei der ersten Audienz, die er den Kurienmitgliedern gab, betonte er, er wolle ein pastorales Pontifikat haben und brauche darum auch eine pastoral gesinnte Kurie.
Einen entscheidenden Schritt tat er, als er im Januar 1960 Augustinus Bea, Rektor des Bibelinstitutes, zum Kardinal machte und mit ihm an der Spitze am 5. Juni 1960 das Sekretariat für die Einheit der Christen errichtete. Dieser Bibelfachmann brachte in den vatikanischen Betrieb ein gesundes Gegengewicht gegen das juridische Denken, kurbelte rasch das Gespräch mit den anderen christlichen Gemeinschaften an und bewirkte, daß dann am Konzil 46 Beobachter aus den anderen Kirchen teilnahmen. »Es ist unwahrscheinlich, daß der Papst ohne Bea das Konzil, das er wünschte, bekommen hätte« (P. Hebblethwaite). Ein solcher Pionier kam natürlich unter heftigen Beschuß durch die konservativen Kräfte der Kurie. Aber der Papst hielt treu zu ihm.
Vorgängig zum Konzil wünschte der Bischof von Rom eine Römische Synode, um in der eigenen Diözese ein Modell des »aggiornamento«, der Erneuerung, des Heutig-Werdens, vorzulegen. Sie aber wurde zu einem abschreckenden Beispiel für das kommende Konzil. Die zuständigen Leute manipulierten alles. Den Teilnehmern blieb nur die Funktion, dem vorher Beschlossenen zu applaudieren und die bisherigen Gesetze erneut zu ratifizieren: Soutane, Tonsur, Warnung vor dem Kommunismus, Verbot in öffentliche Kinos oder an den Badestrand zu gehen … Kein Hauch eines neuen pfingstlichen Frühlings, wie es dem offenen und pastoral gesinnten Papst entsprochen hätte.
Als das Schema für die Liturgiereform als erstes vorlag, das u.a. die Möglichkeit vorsah, von Latein in der Liturgie auf die Mut-

tersprachen umzustellen, schlugen die konservativen Kreise Alarm, wollten dem Konzil zuvorkommen und bewegten den obersten Chef, am 22. Februar 1962 das Dokument »Veterum sapientia« zu unterschreiben, worin verfügt wurde, Latein habe die Kirchensprache zu bleiben und auch der Theologieunterricht in aller Welt habe weiterhin in Latein zu geschehen. Der versöhnliche Papst lächelte später über das Dokument, das im übrigen keine Wirkung mehr hatte.

Aber immer klarer ließ er seine eigentlichen Absichten durchblikken. Im Einberufungsschreiben »Humanae salutis« rückte er deutlich ab von der introvertierten Praxis der bisherigen Konzile, die sich nur mit Irrtümern, Dogmen, Disziplin befaßten. Er erklärte, das neue Konzil müsse zuerst die Welt mit ihren Fragen in den Blick fassen, und dann die Kirche, welche aufgrund der Zeichen der Zeit ihre Aufgabe an der Welt besser kennenzulernen habe. Er nahm im Grunde die Anliegen der späteren Pastoralkonstitution über die Kirche in der Welt von heute (Gaudium et spes) voraus. Vor allem in der Eröffnungsrede am 11. Oktober 1962 setzte sich der alte Mann deutlich ab von der Denkweise seiner Umgebung. Als er, entgegen den »Unglückspropheten«, die alles in der heutigen Kirche und Welt als »Untergang und Unheil« sehen und darüber jammern, vom »verborgenen Plan der göttlichen Vorsehung« sprach, »die durch den Ablauf der Zeiten und durch die Werke der Menschen hindurch ihr eigenes Ziel verfolgt«; als er die Meinung äußerte, die Lehre der Kirche sei »nicht wie ein Schatz im Museum zu verwahren, sondern so zu erforschen und auszulegen, wie es unsere Zeit verlangt«; als er das Kirchenbild der autoritären Lehrerin abgelöst haben wollte von der Kirche als »sehr liebevollen, gütigen und geduldigen Mutter, voll Erbarmen und Wohlwollen zu ihren Kindern, und die lieber das Heilmittel der Barmherzigkeit anwenden als die Waffen der Strenge erheben möchte, weil sie glaubt, es sei den heutigen Verhältnissen angemessener, die Kraft der Lehre ergiebig zu erklären als zu verurteilen …«; als er schließlich im Licht einer dreifachen Vision die Einheit aller Gläubigen innerhalb der katholischen Kirche, die Einheit mit allen anderen Kirchen, die Einheit mit allen Religionen hoffnungsvoll in Aussicht stellte, da wußten alle: Ein großer Prophet ist unter uns aufgestanden, für die Kirche hat eine neue Zeit begonnen.

Man fragte sich, wer ihm wohl diese Rede geschrieben habe. Es gilt als gesichert, daß ihm die Kardinäle Bea, Suenens, Montini viele Elemente dazu geliefert hatten, daß sie aber als solche eindeutig sein Werk und seine Botschaft war.

Nach diesem großartigen Auftakt nahm das Konzil seinen mühsamen Verlauf mit vielen Protokoll- und Verfahrensfragen. Die Konzilsbischöfe nahmen sich nun wirklich ernst und setzten als erstes durch, daß die Mitglieder der zu besetzenden Kommissionen nicht von der Kurie ernannt, sondern vom Konzil gewählt wurden. Als zweites wurde beschlossen, das Schema zur Liturgiereform, das von einer wirklichen Fachkommission unter Führung von A. Bugnini am besten vorbereitet dalag, sofort zu behandeln. Es wurde als ganzes rasch angenommen, wenn man auch noch die Gelegenheit gab, in der zweiten Sitzung im Herbst 1963 Abänderungsvorschläge einreichen zu können. Dieser Text schlug eine kühne Bresche. Vorher herrschte ja absolute Einförmigkeit mit der lateinischen Liturgie in allen Kontinenten der Welt. Jetzt wurde angenommen, daß anstelle der »starren Einheitlichkeit« nun »berechtigte Vielfalt« zu gewähren sei – auch im Gottesdienst, aufgrund der verschiedenen Völker und Kulturen. Dieses Prinzip dehnte sich dann im Lauf des Konzils von der Liturgie auch auf die Bereiche der Theologie und Disziplin aus. Im Grunde gibt einem das der gesunde Menschenverstand ein. Und doch war es ein gewaltiger Wandel gegenüber der bisherigen Mentalität.

Als drittes kam es zu einer radikalen Flurbereinigung. Ein Schema nach dem anderen wurde näher analysiert und nach echtem Gedankenaustausch der besten Bischöfe mit den besten Theologen als untauglich befunden. Selbst der grundlegende

Text »Über die Natur der streitenden Kirche«, der von Kardinal Ottaviani, Präfekt des S. Ufficio (heute: Glaubenskongregation) vorgelegt und empfohlen wurde, bekam u.a. von Bischof De Smedt von Brügge die Begutachtung, er sei voll von Triumphalismus, Klerikalismus, Juridismus. »Keine Mutter hat je so gesprochen.« Die Aula applaudierte laut zu diesem harten Verdikt. Nach zwei Monaten Arbeit stand man vor einem trostlosen Ergebnis: Alles war niedergerissen und noch nichts aufgebaut. Johannes XXIII. litt, betete und bewahrte trotz allem seinen Optimismus, seinen tiefen Glauben an die Kraft des Heiligen Geistes, der ihn zeitlebens gekennzeichnet hatte. Noch bevor man am Ende der ersten Sitzungsperiode auseinanderging, zeichnete sich einigermaßen die Linie ab, die man nach diesem schmerzlichen ersten Akt zu befolgen habe. Der Papst hatte sich nicht als überlegener Regisseur betätigt, der mit klarem Konzept das Konzil gesteuert hätte. Er überließ diese Aufgabe den versammelten Bischöfen. Immerhin hat er mit seiner Eröffnungsrede, auf die man sich immer wieder berief, und indem er die drei genannten Wünsche des Konzils zu formellen Beschlüssen machte, die Weichen für die weitere Arbeit gestellt, so daß sein Nachfolger das Begonnene zum guten Ende führen konnte. Paul VI. konnte ernten, was Johannes XXIII. gesät hatte.
Eine Laudatio könnte diesem Papst viele Verdienste und folgende Ehrentitel zuerkennen:
– Urheber des Konzils, das mit seinen Öffnungen der mittelalterlichen Enge und der antireformatorischen sowie der antimodernistischen Abwehrhaltung ein Ende gesetzt hat;
– Übergangspapst in dem Sinn, daß er mit diesen neuen Haltungen die Kirche für ihren Übergang vom zweiten ins dritte Jahrtausend gerüstet hat;
– Held des Universalismus, um den sich als Integrationsfigur erstmalig die ganze Menschheit mit ihrer Sympathie geschart hat;
– Begründer der »johanneischen Wende«, welche die »konstantinische Wende« mit ihrer Staats- und Volkskirche ablöst und die

neue Epoche der Gewissenskirche anstößt, welche offenbar für alle Zukunft die Form der Kirche in der säkularisierten Welt bleiben wird.

Als Johannes XXIII. über die Pfingsttage 1963 im Todeskampf lag und starb, hielt die Welt den Atem an. Man trauerte um ihn wie um den eigenen Vater und ist bis heute nicht losgekommen von der Faszination dieser fast legendären Gestalt.

Freilich nicht alle werden diesem Urteil und jener Laudatio applaudieren. Nicht nur Erzbischof M. Lefebvre und seine Gefolgsleute betrachten die Überwindung des Mittelalters als Hinwendung zur Häresie. Für sie sind und bleiben die Protestanten Ketzer und die Nichtchristen Götzendiener. Auch in Kreisen der vatikanischen Kurie, welche den freien Lebens- und Redestil des alten Mannes gar nicht schätzten und die Öffnungen seines Konzils schluckten, aber nicht verdauten, konnte man Urteile hören wie folgendes: »Es wird 20 Jahre brauchen, um das Unheil wieder gutzumachen, das Johannes XXIII. angerichtet hat.«

Die 20 Jahre sind nun vorbei und der zielstrebige Wille zur Restauration zeigt seine Früchte. Das Vatikanum II sprach doch, ergänzend zum Vatikanum I mit seiner starken Betonung der Zentralgewalt, von den Bischöfen und Ortskirchen, vom kollegialen Führungsstil und der Dezentralisierung. Aber gegenwärtig wird die Kirche mit mehr Zentralismus regiert als je, so daß nicht nur jeder Bischof, meistens ohne die gebührende Rücksprache mit der Ortskirche, von Rom ernannt wird, sondern sogar jeder Theologieprofessor der ganzen Welt von Rom approbiert werden muß, als ob die Bischöfe kein Urteil und kein Gewissen hätten. Das II. Vatikanum sollte auf Weisung von Johannes XXIII. den Akzent von der Kirche-Magistra (-Lehrerin) auf die Kirche-Mater (-Mutter) verlagern, also nicht Orthodoxie um jeden Preis, sondern mütterliches Verständnis und pastorale Hilfe, natürlich ohne die Orthodoxie preiszugeben. Aber gegenwärtig wird wieder ein sehr unsympathischer Legalismus praktiziert, so daß man vom *Evangelium* Ausnahmen duldet und selber macht (Jesus sagte z.B.:

»Ihr sollt nicht schwören ...«, aber im neuen Codex sind unter dem Stichwort »Eid« genau 30 Bezugsstellen angegeben!), nicht aber vom Kirchenrecht. Das mußte z.B. die deutsche Bischofskonferenz erfahren, als sie in Rom dringend darum ersuchte, im Blick auf die pastorale Notlage und die gute Erfahrung mit der Laienpredigt diese trotz Codex behalten zu dürfen. Die Bitte wurde barsch abgelehnt! Das II. Vatikanum hat aufgestaute Probleme aufgearbeitet, verhärtete Positionen überwunden, die neue Theologie, die seit 100 Jahren gegen den Widerstand Roms angehen mußte, zur offiziellen Kirchentheologie erklärt. Aber gegenwärtig wird wieder durch die systematische Ernennung von absolut romkonformistischen Bischöfen ein extremer Konservativismus zementiert, der mit allen Mitteln die Volkskirche des Mittelalters nach polnischem Modell retten will. So wird der Einzug in die moderne Zeit, den das Konzil angebahnt hatte, um Jahrzehnte zurückgeworfen.

Die Freude, die man unter Johannes XXIII. an der Kirche hatte, ist zum Leiden bis zur Resignation geworden, nicht etwa bei den desinteressierten Katholiken, sondern bei den besten, die aus echter Sorge um die Weitergabe des Glaubens an die kommende Generation eine evangeliumsgemäße, konzilsgemäße, zeitgemäße Kirche haben möchten. Wir stehen wieder wie am Ende der ersten Konzilsperiode vor einer trostlosen, fast hoffnungslosen Bilanz. Aber wie damals der prophetische Johannes XXIII. zuversichtlich blieb und dachte: »Das Konzil nimmt es dann schon an die Hand und wird es gut zu Ende führen«, so können wir uns gegenwärtig voll Vertrauen auf den Heiligen Geist in der Logik des Konzils sagen: »Das Volk Gottes nimmt die Sache schon in die Hand und wird es gut zu Ende führen.«

In der Tat, das Volk Gottes, nicht die allzu braven Leute, die mit blindem Gehorsam alles von Rom akzeptieren und zufrieden sind, wenn sie in der Kirche ungestört beten und ihren Seelenfrieden retten können, sondern die wachen und mündigen Christen, wie sie das Konzil geweckt und gewünscht hat, diese gehen mehr und mehr ihren Weg und handeln nach dem gesunden Menschenverstand, nach ihrem Gewissen – theologisch gesprochen, nach dem Heiligen Geist. Der autoritäre Führungsstil der Kirche aber fördert geradezu diese Entwicklung.

So entsteht in schmerzlichen Geburtswehen die neue Kirche, die Gewissenskirche, die der Heilige Geist für das dritte Jahrtausend verborgen bereithält. Johannes XXIII. aber, der Verantwortliche für die »johanneische Wende«, würde uns Mut machen, durchzustehen und auch in der gegenwärtigen Kirchensituation einen »verborgenen Plan der göttlichen Vorsehung« zu entdecken.

1988: Als Michail Gorbatschow sich durchsetzte ...

Wir wissen nur noch aus dem Geschichtsunterricht um die unheimliche Gefahr, die der Islam 1000 Jahre lang für die Christenheit darstellte, wie er von 635 an ganz Nordafrika überschwemmte und weit nach Spanien und Süditalien vordrang; wie sich dann 200 Jahre lang die christlichen Ritter in den Kreuzzügen an ihm die Zähne ausbissen, ohne ihn besiegen zu können; wie er dann durch das Osmanenreich der Türken 300 Jahre lang vom Osten her das katholische Abendland bedrohte und erst der große Sieg bei Wien 1683 eine Wende und das Ende der Gefahr brachte. All dies bedeutete für die Christen auch eine große Glaubensprüfung. Sie fragten sich: »Schläft denn unser Gott? Ist denn Allah stärker als unser Gott?«
Wir erinnern uns hingegen noch aus unserer Lebenszeit an die zeitlich begrenztere, aber der Zielsetzung nach bedrohlichere Expansion des kämpferischen Kommunismus; wie er sich 1917 durch die russische Revolution eine starke politische und militärische Position bauen konnte; wie er durch den Frieden von Yalta den östlichen Teil Europas gewinnen und 1949 das Riesenreich China dazuzählen konnte; wie er mit der Mauer von Berlin, mit dem Einmarsch in Ungarn, in der Tschechoslowakei, in Afghanistan seine brutalen Methoden an den Tag legte; wie er den Westen zum Kalten Krieg und zum Mitmachen in der sinnlosen Rüstungsspirale zwang; wie er durch seine siegreichen Stellvertreterkriege in Vietnam, Äthiopien, Mosambik, Angola, Kuba, Nicaragua seine Einflußzonen in der Dritten Welt ausdehnen konnte, alles im Dienst der großen Zielsetzung, den Westen zu umzingeln, ihn von den Rohstoff-Absatzländern abzuriegeln und

ihn schließlich wirtschaftlich zu erwürgen, oder wie es Lenin sagte, den Westen über den Süden zu erobern und so die Weltrevolution zum Siege zu führen. 1957 hatte ich in einem Artikel voll Panik geschrieben: »In den 40 Jahren seit der russischen Revolution hat sich der Kommunismus ebenso viele Menschen unterjocht, wie die katholische Kirche und der Islam zusammen im Lauf von Jahrhunderten gewonnen haben, nämlich 900 Millionen, zwei Fünftel der Menschheit.«

Jetzt lautete die Frage nicht mehr: »Welcher Gott ist stärker?«, sondern: »Gibt es überhaupt einen Gott, wenn gottlose Systeme so triumphieren?«

Es will scheinen, daß wir am 11. März 1985 von diesem Alpdruck befreit wurden. Da meldete Radio Moskau den Tod des bisherigen Kremlchefs, Tschernjenko, noch typischer Vertreter der alten Garde; aber bereits vier Stunden später unterbrach er die Trauermusik und verkündete die Wahl von Michail Gorbatschow zum neuen Generalsekretär der Kommunistischen Partei der Sowjetunion.

Dieser neue Stern hatte bisher im Ausland kaum von sich reden gemacht, außer bei einem Blitzbesuch in England im Dezember 1984. Geboren 1931 in Südrußland, trat er als Student der Kommunistischen Partei bei, aber nicht aus bloßem Konformismus. Er teilte schon damals die Leute nicht in Kategorien ein: Linientreue oder Kriminelle. Er gestand schon immer zu, daß es loyale Oppositionelle, Kritiker, Reformer geben dürfe und müsse. Als eines seiner Lieblingsworte galt und gilt: »Die Fenster und Türen öffnen und frischen Wind hinein lassen!« Als Parteisekretär von Stawropol zeichnete sich der Jurist, der im Korrespondenzkurs auch Agrarökonomie studiert hatte, durch saubere Verwaltung und Förderung der Landwirtschaft aus. 1978 berief ihn Andropow nach Moskau. Obwohl Chef des KGB, erkannte dieser Mann bereits, daß es in gewohnter Funktionärsroutine nicht weitergehen könne und so förderte er Gorbatschow, der sich deutlich als Sprecher der jungen kritischen Generation profiliert hatte. Als

Andropow dann Generalsekretär wurde, konnten bereits unter ihm diese jungen Leute viele Schaltstellen besetzen. Die Wahl Gorbatschows fiel also nicht aus heiterem Himmel, sondern war die Frucht einer behutsamen, zielstrebigen Arbeit der zwei Denker und Taktiker Andropow und Gorbatschow.
Der neue Generalsekretär verlor keine Zeit. Schon am ersten Parteitag legte er seine fertigen Analysen vor und geißelte die verkrusteten Strukturen des Apparates, der seit Jahren keine Blutauffrischung in den Leitungsgremien zugelassen hatte und deshalb zu einem repressiven System von Dogmatismus und Bürokratismus entartet war. Er kleidete seine Reformideen in zwei Leitworte: Glasnost, d.h. Offenheit, Selbstkritik, Kommunikation, und Perestroika, d.h. Umwandlung auf allen Ebenen der Wirtschaft und Politik. Er forderte ein neues Wahlsystem, geheime Wahlen mit alternativen Kandidaten, wobei auch tüchtige Nicht- Parteimitglieder die Chance haben sollten, ihr Können dem Staat zur Verfügung zu stellen. Die Ämter sollten auf fünf Jahre befristet werden mit der Möglichkeit *einer* Wiederwahl, um so eine neue Karrierenclique im voraus und für immer zu verunmöglichen. Auf dem Wirtschaftssektor soll dem freien Wettbewerb wieder mehr Raum offenstehen und die Initiative des einzelnen verstärkt angekurbelt werden. So soll die wirtschaftliche Misere überwunden werden, die zum Unrecht am Volk und zum Skandal vor aller Welt geworden war.
Wer so mit eisernem Besen ausfegt, muß natürlich mit Widerstand rechnen. Man war lange Zeit besorgt um diesen Reformer, der im Westen rasch Sympathie und Bewunderung gefunden hatte. Wird er sich halten können? Man erinnerte sich an Chruschtschow, der damals auch Aufsehen erregte, die Verbrechen Stalins an den Pranger stellte, die Entspannung mit dem Westen anbahnte. Ihm wurde es zum Verhängnis, daß er zwar das Vertrauen des Volkes gewann, aber die Parteielite nicht genügend auf seine Seite bringen konnte. Er mußte kurzerhand in der Versenkung verschwinden. Als darum Gorbatschow einige

Wochen nicht in der Öffentlichkeit auftrat, um sein Buch über die Perestroika zu schreiben, wollte man der Erklärung nicht glauben und fürchtete bereits, er werde nun kaltgestellt. Als er wieder zurückkehrte, schrieben Zeitungen, er hätte müde und matt gewirkt und sei nicht mehr derselbe wie vorher.
Es ist klar, daß die Leute der Nomenklatura, diese rund 400 000 Mann, welche die Spitze in der Partei, in der Regierung, im Militär, in der Verwaltung, in der Wirtschaft ausmachten, die alle Privilegien besaßen und wie Zement zusammenhielten, sich nicht von einem jungen Stürmer einfach überfahren ließen. Im Frühjahr 1988 brach der schwelende Konflikt offen aus. Die Zeitung »Sowjetskaja Rossija«, Organ des Zentralkomittees, veröffentlichte einen als Leserbrief getarnten offenen Angriff auf die Perestroika und bezichtigte die Kritik an der Vergangenheit als widerlich und die geplante Reform als Verleugnung des Sozialismus. Man drohte geradezu: »Wir werden diesen Gorbatschow schon wieder herunterholen.«
Aber im weiteren Verlauf des Jahres 1988 konnten wir den Triumph dieses Reformers erleben. Zunächst brachte ihm der Allunionskongreß der letzten Juniwoche vor rund 5000 Teilnehmern die volle Unterstützung der Parteibasis. Eine systematische Kleinarbeit hatte vorausgehend schon sehr viele mittlere und untere Kader ersetzt. Ferner bestätigte die außergewöhnliche Sitzung des Zentralkomitees Ende September 1988 Gorbatschows Position auch in den obersten Gremien. Wie keinem seiner Vorgänger war es ihm gelungen, sauberen Tisch zu machen, sich mit zuverlässigen Männern der Perestroika zu umgeben und sich noch zusätzlich zum Staatspräsidenten wählen zu lassen. Dieser Mann sitzt fest, und seine Ideen sind nicht mehr im Reich der Träume und Utopien anzusiedeln. Ein Aufstand des Militärs gegen diesen radikalen Propheten des Friedens liegt natürlich im Rahmen des Möglichen. Dem sowjetischen Physiker, Bürgerrechtler und Friedensnobelpreisträger A. Sacharow ist dann zu glauben, wenn er in den USA sagte, ein Fehlschlag der Politik des Staats- und Par-

teichefs Michail Gorbatschow wäre ein Fehlschlag für die gesamte Menschheit, aber weniger, wenn er beifügte, er würde nicht zehn Rubel auf die Sicherheit dieses Mannes setzen.
Zu den Problemen der internationalen Sicherheit äußerte Gorbatschow im Hinblick auf die UNO-Vollversammlung 1987 in einem bemerkenswerten Aufsatz Ideen, die er seither in vielen Begegnungen mit hohen Politikern, im Umgang mit dem Volk, in Artikeln und Reden wiederholte und natürlich in seinem Buch »Perestroika« weiter ausführte. Sie sind so zusammenzufassen:
Die Welt befindet sich in einer absurden Sackgasse. Man kann nur daraus herauskommen, wenn nicht mehr Macht, Ideologie und Prestige zu den bestimmenden Faktoren des Handelns gemacht werden, sondern die Normen des gesunden Menschenverstandes in den Rang der Politik erhoben werden. Die gegenwärtigen Bemühungen zur Verschrottung der Nuklearwaffen seien erst ein Anfang, man müsse diese Waffen nicht auf 50 oder 5, sondern auf 0 % reduzieren und dann in einer qualitativ neuen Stabilität den Frieden durch Maßnahmen des Vertrauens und der internationalen Zusammenarbeit in allen Bereichen sichern. »Wir müssen mit dem immer enger werdenden wechselseitigen Zusammenhang und der immer größeren Menschlichkeit der Welt rechnen. Sie wird nicht nur durch die Internationalisierung des Wirtschaftslebens sowie die starken Massenmedien und die Kommunikationsmittel vereinigt, sondern auch durch die gleiche Gefahr eines nuklearen Todes, einer ökologischen Katastrophe und eines globalen Ausbruches der Widersprüche zwischen der Armut und dem Reichtum ihrer verschiedenen Teile ...« Gorbatschow verspricht, auch den Vorsprung der UdSSR in den konventionellen Waffen abzubauen und plant, den Militärdienst der Soldaten auf die Hälfte zu beschränken, um dann diese wertvollen Arbeitskräfte für den Aufbau des Landes frei zu bekommen, und das so ersparte Geld in die Entwicklung der Dritten Welt und in die langfristigen Aufgaben des Umweltschutzes zu investieren. Vor der UNO-Vollversammlung 1988 kündigte er konkrete

Schritte an: Er werde binnen zweier Jahre um 500 000 Mann die Soldaten reduzieren, zwei Rüstungsindustrien in zivile Produktionsstätten umfunktionieren, den ärmsten Ländern der Welt eine Stundung ihrer Schulden für die nächsten 100 Jahre anbieten. »Vom Gleichgewicht des Schreckens muß man zum Gleichgewicht der Vernunft und des Wohlwollens kommen ... Die Gerechtigkeit verlangt eine Regelung der internationalen Wirtschaftstätigkeit, eine Regelung, die die Beraubung der Armen durch die Reichen ausschließt. Kann man denn ruhig in einer Welt leben, in der drei Viertel der Länder in Schulden stecken, die sie nicht bezahlen können, ein kleines Häufchen von Staaten aber als allmächtige Wucherer auftritt? ... Ohne den Abbau des Wettrüstens lassen sich keine anderen Probleme lösen. Heutzutage führt ein strategisches U-Boot ein Vernichtungspotential mit sich, das mehreren Zweiten Weltkriegen gleichkommt. Die Phantasie ist außerstande, sich jene Hölle und jene Vernichtung des Menschen selbst vorzustellen, wenn nur ein kleiner Teil des jetzt vorhandenen Kernwaffenpotentials eingesetzt wird. Nach einem Kernwaffenkrieg wird es keinerlei Probleme mehr geben. Keiner wird da sein, um sich an einen Verhandlungstisch setzen zu können. Eine zweite Arche Noah wird aus der nuklearen Sintflut nicht hervorgehen. Jahrhundertelang suchten die Menschen nach Wegen der Unsterblichkeit. Man kann sich schwer damit abfinden, daß jeder von uns sterblich ist. Es ist aber unmöglich, sich mit dem Ende der gesamten Menschheit abzufinden. Es ist notwendig, ohne auch nur die geringste Zeit zu verlieren, die internationalen Verbindungen sowie das Verhalten der Regierungen und Staaten in Übereinstimmung mit den Realitäten des Nuklearzeitalters zu bringen ... Man kann von der Notwendigkeit des Wettrüstens, von der Ausmerzung des Militarismus und von der Zusammenarbeit reden, solange man will – wenn wir nicht anfangen zu handeln, wird sich nichts ändern ... Auch die ganze Welt braucht Perestroika, eine fundamentale Veränderung. Der politische und moralische Kern des Problems liegt im gegenseitigen Vertrauen der Staaten und Völker und in der Achtung der internationalen Abkommen und Institutionen. Diese Idee des allumfassenden Systems der Sicherheit ist der erste Entwurf einer möglichen neuen Ordnung des Lebens in unserem gemeinsamen Haus Erde. Mit anderen Worten, es ist der Passierschein für die Zukunft.«

Das II. Vatikanische Konzil und die Päpste von Pius XII. an hatten schon ähnliche Gedanken geäußert, daß der Krieg als solcher kein verantwortbares Mittel zur Lösung von Konflikten sei und darum total geächtet werden müsse, daß man aufgrund von Verhandlungen und Verträgen und gegenseitiger Kontrolle den Frieden sichere. Die Kirchen jedoch verfügen über keine politische Durchschlagskraft. Wenn aber einer der zwei mächtigsten Männer der Welt dies sagt und schrittweise in die Tat umsetzt, dann erwacht für die Welt wirklich eine neue Hoffnung.

Mit unnachgiebiger Hartnäckigkeit sucht Michail Gorbatschow diese Ideen auch dem Westen zu vermitteln. Nach den zwei Treffen mit dem USA-Präsidenten Ronald Reagan in Genf 1985 und in Reykjavik 1986 konnte man beim dritten Treffen in Washington 1987 ein Abkommen über die Beseitigung der Mittelstreckenraketen unterzeichnen, ein bescheidener Anfang, aber immerhin der erste Schritt in der gegenteiligen Richtung, nicht mehr weiter zu rüsten, sondern abzurüsten. Beim vierten Treffen in Moskau 1988 wurde die neue Freundschaft gefeiert, aber weitere konkrete Schritte sind nun der Zukunft überlassen.

In diesem neuen Klima konnten auch regionale Konfliktherde, die bisherigen Stellvertreterkriege, einer nach dem anderen Lösungen nähergebracht werden, wenn es auch zur vollen Befriedung noch viel Geduld und neuen guten Willen auf allen Seiten braucht. Man hat wiederum einfach in gesundem Realismus eingesehen, daß sich die Verlagerung des Kalten Krieges in die Dritte Welt nicht lohnt, daß es zu viel kostet, aber wenig einbringt. So kamen 1988 Dinge zustande, die man vorher einfach nicht für möglich gehalten hätte: Der Truppenabzug aus Afghanistan genau innerhalb der versprochenen Frist, der Waffenstillstand im Golfkrieg, der Rückzug Kubas aus Angola, Südafrikas aus Namibia, Vietnams aus Kambodscha, plötzliche Freundschaftsbezeugung zwischen Indien und Pakistan …

Im Westen reagieren gewisse Kreise immer noch verlegen und zwiespältig. Man warnt vor der Falschheit des russischen Bären. Man kann sich eine Welt ohne Feindbilder noch gar nicht vorstellen. Die Sowjetunion erstrebe nach wie vor den Sieg, aber jetzt ohne Krieg. Die Frage ist also, ob man mit dem bisherigen totalen Mißtrauen in der Sackgasse stecken bleiben oder auf der Basis eines neuen Vertrauens – immer mit gegenseitiger Kontrolle – die laufenden Friedensangebote Gorbatschows annehmen, beim Wort nehmen und seine Vorleistungen mit entsprechenden Gegenleistungen Zug um Zug weiter treiben wolle, um so die Riesensummen, die bisher in die Militärbudgets und die Produktion der Todeswaffen flossen, in die Produktion von Lebensgütern umzuleiten und um dann den Welthandel nicht mehr nach dem Gesichtspunkt der möglichst großen Gewinnmarge, sondern der möglichst großen Menschlichkeit zu gestalten. Eine Vision Gorbatschows, die gewiß auch des »christlichen« Westens würdig wäre!

Kardinal Franz König von Wien ermunterte nach seinem Besuch in Moskau anläßlich der kirchlichen Jubiläumsfeier 1988 den Westen zum Vertrauensvorschuß. Ein anderer, gewiß nicht als Kommunistenfreund verdächtiger Zeuge, der ehemalige bayerische Ministerpräsident F.J. Strauß, schrieb nach seinen Gesprächen in Moskau Ende 1987: »Wenn die Sowjetunion bereit ist, auf dem jetzt eingeschlagenen Weg der Abrüstung weiterzugehen (das hat sie seither getan!), und wenn sie vor allem den angekündigten Rückzug aus Afghanistan wahrmacht (das ist inzwischen geschehen!), dann stehen wir vor einer Sternstunde der Menschheit, dann stehen wir am Beginn eines Völkerfrühlings, wie ihn die Menschheit in diesem und in früheren Jahrhunderten noch nicht erlebt hat … Mein persönlicher Eindruck von Generalsekretär Gorbatschow hat mich zuversichtlicher gemacht, daß wir tatsächlich an der Schwelle eines neuen politischen Zeitalters stehen könnten, das nicht mehr vom Mars, dem Gott des Krieges, sondern von Merkur, dem Gott des Handels und der Wirtschaft, beherrscht wird.«

Das Phänomen Gorbatschow hat nicht nur mit Politik und Wirtschaft, sondern auch mit Religion zu tun. Seit Jahrzehnten hatte man in der UdSSR und den anderen Oststaaten alles getan, um Religion auszumerzen. Man ließ die alten Leute mit ihrer Religion aussterben und war überzeugt, die junge Generation durch die entsprechende Indoktrination in Schule und Freizeit endgültig vom Virus der Religion befreien und in das Zeitalter der Wissenschaft hineinführen zu können. Aber mehr und mehr mußte man zur Kenntnis nehmen, daß die Rechnung nicht aufging, daß sich die heutigen Jungen, und auch Intellektuellen, wieder weitgehend auf dem Weg zum Glauben befinden. Die Regierungen im Osten haben sichtlich Probleme mit der Jugendreligiosität. Man merkt, daß Religion offenbar tief im Menschen wurzelt und nicht bloß von der traditionellen Erziehung angehängt wurde. Gleichzeitig beobachtete man, wie gerade in den Dritte-Welt-Ländern Christen als Christen sich sehr radikal für Frieden und Gerechtigkeit einsetzen; Religion dürfte nicht mehr länger »Opium für das Volk« genannt werden.

Daraus hat Michail Gorbatschow wiederum in gesundem Realismus die Konsequenz gezogen und die offizielle Einstellung zur Religion geändert. So brachte das Jahr 1988 auch diesbezüglich eine Wende. Erstmals hat das sowjetische Fernsehen die Osterliturgie übertragen und mit einem sympathischen Kommentar begleitet. Zum Auftakt der 1000-Jahrfeier der Christianisierung Rußlands empfing der Parteichef den Patriarchen Pimen von Moskau und bedauerte dabei die Kirchenverfolgungen der früheren Zeiten. Mehrmals seither betonte er, daß sowohl Atheisten wie Gläubige auf derstelben Stufe stehen und dieselben Rechte genießen. Es wurden seither Hunderte von Pfarreien neu errichtet und für profane Zwecke gebrauchte Kirchengebäude wieder für den Gottesdienst geöffnet. In Leningrad lief im Juni 1988 eine staatliche Ausstellung über zerstörte Kirchen mit dem Titel: »Unsere Trauer und Schande.« Das neue Religionsgesetz, das den Kirchen wieder juridische Anerkennung zuspricht, wird in Bälde erwartet, ebenso ein Besuch Michail Gorbatschows im Vatikan – und entsprechend ein Gegenbesuch des Papstes in Moskau. Wiederum Dinge, die man vor zwei Jahren nicht für möglich gehalten hätte.

Das Buch »Perestroika« trägt zwei Untertitel: Die zweite russische Revolution – Eine neue Politik für Europa und die Welt. Der Verfasser mutet es sich also zu, und die kommenden Jahre werden es ihm – hoffentlich – bestätigen, daß er in seinem Land die zweite, wirksamere und bessere Revolution durchführe. Im Blick auf die vergangenen Jahrzehnte muß man eindeutig feststellen, daß die erste Revolution fehlschlug. A. Miranda, ein Lateinamerikaner, hat ein Buch geschrieben: »Marx gegen die Marxisten.« Er weist darin nach, das K. Marx tatsächlich einen klaren Blick auf die Situation der Arbeitenden hatte und, inspiriert von den alttestamentlichen Propheten, wirklich an ein kommendes Reich der Gerechtigkeit und des Friedens glaubte. Aber Marx würde es heute verbieten, daß in den Schulen Marxismus unterrichtet werde; denn daraus sei ein korruptes System der Gewalt und der Ausbeutung geworden, dessen man sich schämen müsse.

Bringt das russische Volk nach so langer Enttäuschung noch den Mut auf, an den guten Ausgang der zweiten Revolution zu glauben und dabei mitzumachen – nicht eine paradiesische Welt, aber immerhin mehr Menschlichkeit, Gleichheit, Gerechtigkeit, ein freundvolleres und sorgenloseres Leben zu erwarten? Ein solches enthusiastisches Mitmachen der mittleren und unteren Kader ist unterdessen noch nicht sichtbar – was den Aufschwung der Wirtschaft erschwert; gerade dies aber wäre dem Volk und dem neuen starken Mann zu gönnen. Auch das Nationalitätenproblem wird sich hoffentlich nicht als Fußangel seiner Politik herausstellen.

Der zweite Untertitel – Eine neue Politik für Europa und die Welt – verspricht eine Wende auf der Ebene der Weltpolitik. Wiederum ein kühnes Unterfangen. Kann der Kalte Krieg, der Ost- West-Konflikt, der mehr als vier Jahrzehnte lang die Weltpolitik bestimmte und die unselige Rüstungsspirale immer höher schraubte, die »größte« technische Leistung des modernen Menschen und zugleich der größte Unsinn der Weltgeschichte, kann das alles ein Ende finden? Kann der Krieg wirklich geächtet werden, wie vor gut 100 Jahren die Sklaverei geächtet wurde, weil man entgegen der traditionellen Meinung, sie gehöre einfach zur gottgewollten Standesordnung, plötzlich zur neuen Einsicht kam, sie sei doch nicht vereinbar mit der Menschenwürde? So könnte auch die alte Menschenerfahrung, daß es immer Kriege gab und man sich folglich zum Kriege rüsten müßte, wenn man den Frieden wolle, der neuen Einsicht Platz machen, daß Krieg mit den heutigen Mitteln unter keinen Umständen mehr sein darf und daß darum auch die Kriegsrüstung mit all ihrem unverantwortlich verschleuderten Geld gestoppt werden müsse.
Wenn dieser Traum Wirklichkeit würde, könnte man dem Träumer und Realpolitiker Gorbatschow nicht genug dafür danken. Vom militanten Kommunismus her, der eine der größten Weltbedrohungen darstellte, kommt nun dieses Angebot des Weltfriedens! Vom real existierenden Marxismus her, der Religion als Volksverdummung hinstellte, kommt nun der neue Respekt vor dem Geheimnis und dem Glauben! Vom Kreml her, der die Welt in zwei Lager spalten wollte, kommt nun die Idee der schicksalhaft verbundenen einen Menschheit! Wir leben wirklich im Anbruch einer neuen Zeit. Den Zweiflern würde ich sagen: »Laßt uns in zehn Jahren wieder darüber reden!«
Es hängt nun weitgehend von der westlichen Welt ab, ob die »neue Politik« gelingt, ob man inspiriert mit einsteigt und das Rad weiterdreht. Dies stellt auch eine Herausforderung an die Christlichkeit des Westens dar: Wir Christen könnten eine weltgeschichtliche Chance jenseits aller historisch bekannten marxi-

stischen Modelle ergreifen. Nach dem Buch »Marx gegen die Marxisten« könnte es einen reizen, einmal ein Buch zu schreiben »Christus gegen die Christen«. Es wäre darin sehr viel, zu viel aufzuzeigen, was sich Christen im Lauf der Geschichte bis heute an Grausamkeit und Härte, an Geldgier und Ausbeutung geleistet haben. Christus würde sich in diesen Realisierungen seiner Botschaft nicht wiedererkennen. Nun kommt ein Atheist – falls Michail Gorbatschow ein Atheist ist – und legt uns einen Entwurf von Weltpolitik vor, den wir Gläubige durchaus als Heilsplan Gottes mit seiner Menschheit deuten können.
Ich wage es, einen Vergleich mit Kyrus, dem damaligen Kaiser von Persien, zu ziehen, der das jüdische Volk aus der Gefangenschaft entließ und ihm sogar half, den Tempel wieder aufzubauen. Nun läßt der Prophet Jesaja Jahwe zu Kyrus, den die Juden als Heiden, als Atheisten, betrachteten, sagen: »Du, mein Hirte, du, mein Gesalbter (Messias), ich selbst gehe vor dir her und ebne die Berge ein … Du sollst erkennen, daß ich der Herr bin, der dich bei deinem Namen ruft … Ich habe dir einen Ehrennamen gegeben, ohne daß du mich kanntest … Ich habe dir einen Gürtel umgelegt, ohne daß du micht kanntest …« (Jesaja 44,28-45,4). Ich würde also einen solchen Text auch auf Gorbatschow anwenden, weil ich überzeugt bin, daß Gorbatschow, wie damals Franz von Assisi, Gandhi und andere, vom Geist Gottes inspiriert ist, weil Jahwe nicht nur der Gott des Alten und Neuen Testamentes, sondern aller Geschichte ist. Er führt und braucht auch einen Gorbatschow wie damals Kyrus, um seinen Heilsplan mit seinem Volk, der ganzen Menschheit, durchzuführen.
Nach dem kirchlichen Aufbruch, den Johannes XXIII. mit seinem Konzil auslöste und der die Kirche für die Zukunft gerüstet hat, kommt jetzt ergänzend der politische Aufbruch, den wir Michail Gorbatschow verdanken. Bei allen Abstrichen, die man an menschliche Hoffnungen immer machen muß, darf man doch mit neuer Zuversicht dem dritten Jahrtausend entgegenwandern.

Nachwort: Wie es mit der Welt weitergeht

Die bisherigen Streifzüge durch die Geschichte zeigten, daß es immer im Lauf der Jahrzehnte, Jahrhunderte, Jahrtausende neue Ansätze, Aufbrüche, qualitative Sprünge gab, oft ruckweise, oft in mühsamen Prozessen, die der Menschenkarawane auf ihrem Weg neuen Auftrieb und klarere Richtung verliehen. Man braucht nicht eine prophetische, sondern nur eine logische Begabung zu besitzen, um daraus zu schließen, daß es auch in Zukunft zu gegebener Zeit an solchen überraschenden qualitativen Sprüngen, Sternstunden der Geschichte, nicht fehlen wird. Aber auch schon die bisherigen Ideen und Kräfte, die je neu in die Geschichte hineingelegt wurden, werden noch ihre Wirkungen zeitigen. Sie sind wie Keime, die weiter sprießen und immer neue Früchte tragen. Ein physikalisches Grundgesetz lautet, daß kein Quäntchen Energie verloren geht. Sie kann umgesetzt, ausgeglichen, aber nicht vernichtet werden. So können wir uns auf Grund der bisherigen Ausbrüche, der Logik der Geschichte, der Zeichen der Zeit, einige Vorstellungen machen, wie die Welt vom Jahr 2001 an, also im 21. Jahrhundert, aussehen könnte.

Auf wirtschaftlichem Gebiet: Das 20. Jahrhundert brachte einen Ausgleich zwischen Kapitalismus und Proletariat auf mitteleuropäischer Ebene zustande. Der Druck der Gewerkschaften und die Kompromißbereitschaft der Arbeitgeber, die Einsicht, daß es letzlich dem Betrieb zugute kommt, wenn Arbeitnehmer zufrieden sind, haben Zustände geschaffen, die als einigermaßen befriedigend betrachtet werden können. Das 21. Jahrhundert wird diese Aufgabe auf interkontinentaler Ebene noch zu lösen haben. Der Druck der Dritte-Welt-Länder wird wachsen, die dann vier Fünftel der Menschheit ausmachen. Man wird ihre Rechte nicht mehr leicht übersehen können, bloß weil sie militärisch nicht zu fürchten sind. Wenn einmal der Ost-West-Konflikt zur echten Entspannung gekommen ist, wird man sich um so mehr auf den Nord- Süd-Konflikt konzentrieren müssen und Propheten erwarten, welche die neue Weltwirtschaftsordnung, von der man schon lange redet, mit Kraft und Kompetenz verwirklichen.

Auf politischem Gebiet: Nicht bloß das 20. Jahrhundert, sondern die ganze bisherige Geschichte stand im Zeichen der Nationalismen. Städte gegen Städte, Fürsten gegen Fürsten, Blöcke gegen Blöcke führten Kriege und die stärkeren Länder unterjochten die schwächeren und machten sie zu Kolonien. Das 21. Jahrhundert und die ganze zukünftige Geschichte werden im Zeichen des Universalismus stehen. Wir erfahren heute auf allen Gebieten die totale Interdependenz. Wir gehen gemeinsam einer besseren Zukunft oder gemeinsam dem Abgrund entgegen. Wir stehen vor der Wahl: *Eine* Menschheit oder *keine* Menschheit! Nicht mehr Kriege werden die Konflikte lösen, sondern nur Verhandlungen, friedlicher Wettbewerb und Austausch, und zwar auf globaler Ebene und unter menschlichen Gesichtspunkten.

Auf ökologischem Gebiet: Da sieht vorläufig die Zukunft noch am düstersten aus. Von Jahr zu Jahr verschlimmert sich die Lage der Luft, der Gewässer, der Wälder; die Gefahren durch Ozonlöcher, den Treibhauseffekt, den Saharisierungsprozeß wachsen; aber man beschließt nur mühsam häufig unzureichende Gegenmaßnahmen. Die Menschheit kommt mir vor wie ein Drogensüchtiger, der genau weiß, daß er es lassen müßte, aber es nicht kann. Die ökologische Katastrophe bedroht, je verschieden, alle sechs Kontinente. Nur weltweite Umkehr kann aus der Hoffnungs- und Hilflosigkeit herausführen. Da müssen nicht mehr bloß die Kirchen, da muß das Weltgewissen nach Konsumaskese, nach einer Theologie des Verzichtes, nach einer Kultur des umweltfreundlichen Handelns rufen. Sowohl Elend wie auch Luxus sind in der heutigen einen Welt eine Schande. Eine bescheidene, fröhliche Armut für alle wird die Lösung sein. Der konziliare Prozeß für Gerechtigkeit, Frieden und Bewahrung der Schöpfung stärkt die Hoffnung, daß der Ruf zur Umkehr nicht ganz wirkungslos bleibe.

Auf gesellschaftlichem Gebiet: Die traditionelle Gesellschaft beruhte wesentlich auf den Prinzipien von Patriarchat, Autorität, Tradition, geschlossener Gruppe, unumstößlichen Verhaltens- und Denkmustern. Diesbezüglich hat das 21. Jahrhundert bereits begonnen. Wir stehen vor neuen Tatsachen, vor der Auflösung des katholischen, ja des christlichen Milieus, vor dem Erosionsprozeß des kirchlichen Front- und Blockdenkens, vor der kritischen Distanzierung von den offiziellen Lehrmeinungen der kirchlichen Hierarchien (U. Altermatt). Man konsultiert einfach den gesunden Menschenverstand und sein Gewissen. Wenn auch bei der jüngeren Generation nicht wenige wieder Konformismus und strikten Gehorsam bevorzugen und gegenüber dem Überangebot und der Verunsicherung durch die Welt wieder genau wissen wollen, was gilt, so gehen doch sehr viele andere ihren eigenwilligen und eigenständigen Weg.

Zwei junge Verliebte, die ohne Trauschein zusammenleben, versuchten ihren gut katholischen Eltern ihre Entscheidung verständlich zu machen mit der Darstellung von zwei verschiedenen Denkmustern, die mit folgenden Stichworten ausgedrückt werden können:

Chaos	–	Ordnung
Freiheit	–	Gesetz
Unsicherheit	–	Sicherheit
Problem	–	Lösung
Individuum	–	Gesellschaft
revolutionär	–	konservativ
ändern	–	bewahren
Spiel	–	Arbeit
improvisieren	–	organisieren
Osten	–	Westen usw.

Die je zwei verschiedenen Pole stehen nicht einfach nebeneinander, sondern in einem Spannungsverhältnis. Beide können gerechtfertigt werden, aber keiner soll den anderen verurteilen. Sie sind einfach anders. Die vorgegebene Ordnung bedeutet einen Wert, aber nicht den einzigen und letzten. Der Mensch, das Leben, sind aller Ordnung übergeordnet. Auch Gott steht über den zwei Modellen und nimmt die Menschen beider Modelle an, wie der Vater im Gleichnis sich des verlorenen *und* des zuhause gebliebenen Sohnes annimmt und Jesus bei den Pharisäern *und* Sündern zu Tische sitzt, aber eine deutliche Vorliebe für die Verlorenen, die Sünder zeigte. So soll auch die Kirche »Mater et magistra« sein, Lehrerin, welche Wahrheit und humanes Ethos verkündet und hütet, aber auch Mutter, welche die Menschen, selbst wenn sie ihre eigenen Wege gehen, begleitet, ihnen Verständnis entgegenbringt und Hilfe leistet. Die zwei jungen Verliebten meinten: Durch die kirchliche Ehe würden sie sich der »guten Gesellschaft« anschließen. Sie zögen es aber vor, vorerst sich mit der jungen Generation und ihrem Denken zu solidarisieren.
Man muß also mit diesem anderen Denken rechnen und das Beste daraus machen. In der Vergangenheit, wo man »blinden Gehorsam« übte, war es leicht, Autoritätsperson zu sein. Heute, wo alle mitreden, mitdenken, mitentscheiden wollen und auch sollen und letztlich doch ihren Weg gehen, wird Zusammenleben schwerer, aber auch reicher, herausfordernder und auch faszinierender. Das bleibt die Aufgabe der Zukunft.
Auf kirchlichem Gebiet: Die Kirche des zweiten Jahrtausends hatte einen unseligen Exklusivismus praktiziert, Verachtung und grausame Pogrome gegen Juden, Kreuzzüge gegen Muslime, Inquisition und Folter gegen Ketzer. Die Konzile befestigten laufend die Bastion des rechten Glaubens und der guten Sitten und schleuderten Anathemas (Ausgestoßen sei –) gegen alle Andersdenkenden. Noch das Vatikanum I (1870) erließ 80 solche Anathemas. Das II. Vatikanum war auf Wunsch Johannes XXIII. gekennzeichnet durch die Öffnungen: Öffnung zu den Laien als

Volk Gottes, zu den anderen Kirchen, zu den Nichtchristen, zur säkularisierten Welt.
Wenn sich auch gegenwärtig die Tendenzen zur Restauration, zur neuen Enge und Abgrenzung wieder unsympathisch durchsetzen, die Ideen des Konzils werden nicht absterben. Dafür sorgt die Basis der Kirche, die besten Christen und Priester, die von Jesus, der damals Blinde heilte, vom »blinden Gehorsam« geheilt wurden und ihren Weg gehen, den sie vor dem Evangelium, vor dem Konzil, vor dem eigenen Gewissen verantworten können. So vollzieht sich mutig die Wende zu Gottes Weite. Mögen auch gegenwärtig die Konzilsimpulse unter winterlicher Decke zu ersticken scheinen, sie werden im neuen Frühling um so kräftiger durchbrechen, blühen und Früchte tragen. Die Kirchenautorität hat noch Mühe, die Volkskirche des zweiten Jahrtausends der Geschichte anheimzustellen und die künftige Gewissenskirche mutig zu bejahen. Das dritte Jahrtausend wird trotzdem eine Kirche erleben, die die Konzilsöffnungen voll entfaltet, die Macht der Institution verringert, die Kraft der lebendigen Gemeinschaften ausstrahlen läßt, die als Salz der Erde, als Licht der Welt, als Ferment der Einheit aller Menschen wirkt.
Die Wunden der Geschichte werden vernarben. Es bleibt der Sinn des Menschen, wie er sich im Lauf der Zeit, quer durch die Geschichte, immer deutlicher bekundet hat: Errungenschaften wie universale Solidarität, Bewahrung der Schöpfung und des Menschen werden nicht mehr zu verdrängen sein.

Literaturauswahl

00.00: Urknall

Z. Bucher, Natur, Materie, Kosmos. Eine allgemeine Naturphilosophie, St. Ottilien 1982. *H. von Ditfurth*, Die Kinder des Weltalls, München 1983. *G. Altner*, Zwischen Natur und Menschengeschichte, München 1975. CERN: Energie wird Materie. Ein Blick in die Welt der Elementarteilchen, Genf 1986.

999.999 v. Chr.: Die ersten Menschen

H. Querner, Stammesgeschichte des Menschen, Stuttgart 1968. *J.V. Kopp*, Entstehung und Zukunft des Menschen. Pierre Teilhard de Chardin und sein Weltbild, Luzern 1961. *S. Wehner*, Ein Blick hinter die Kulissen der Paläanthropologie, in: Bücherpick 1982, 56-60.

1 n. Chr.: Jesus

Die Themen Gott, Christus, Kirche in der Welt von heute sind viel weiter ausgeführt in meinem Buch: Wer Augen hat zu sehen … Was Gott heute mit uns Christen vorhat, Graz 1989.

313: Kaiser Konstantin

H. Eberhard, Konstantin der Große. Eine Biographie, Düsseldorf 1984. *K. Baus*, Von der Urgemeinde zur frühchristlichen Großkirche, in: H. Jedin (Hg.), Handbuch der Kirchengeschichte I, Freiburg i.B. 1962.

1209: Franz von Assisi

A. Rotzetter – W.C. Van Dijk – T. Matura, Franz von Assisi. Ein Anfang und was davon bleibt, Zürich 1981. *R. Manselli*, Franziskus, der solidarische Bruder, Zürich 1984. *M. Kämpchen*, Überall lebt Franziskus. Seine Brüder in den Weltreligionen, Freiburg i.B. 1987.

1492: Christoph Kolumbus

D.J. Boorstin, Die Entdecker. Das Abenteuer des Menschen, sich und die Welt zu erkennen, Basel 1986. *O. Dreyer-Eimbecke*, Die Entdekkung der Erde, Frankfurt a.M. 1988. *M. Siervernich*, Die andere Entdeckung Amerikas. Theologische Überlegungen zur bevorstehenden 500-Jahr-Feier, in: Zeitschrift für Missionswissenschaft und Religionswissenschaft, Münster 72/1988, 257-277.

1517: Martin Luther
B. Lohse, Martin Luther. Eine Einführung in sein Leben und sein Werk, Münster [2]1982. *O.H. Pesch*, Hinführung zu Luther, Mainz [2]1983, *Ders.*, Gerechtfertigt aus Glauben. Luthers Frage an die Kirche, Freiburg i.B. 1982. *P. Manns*, Martin Luther. Der unbekannte Reformator, Herder-Bücherei 1188 (1985). *E. Jüngel*, Zur Freiheit eines Christenmenschen, München 1981. – Gespräch mit dem evangelischen Pfarrer *J.G. Beinke*, Badisch Rheinfelden.

1945: Hiroshima
R. Jungk, Heller als tausend Sonnen. Das Schicksal der Atomforscher, Bern 1956, und mehrere andere Bücher vom selben Autor.

1948: Ökumenischer Rat der Kirchen
Commemorating Amsterdam 1948: 40 years of the WCC. The Ecumenical Review, Geneva 3-4/1988. *H.J. Urban – H. Wagner* (Hg.), Handbuch der Ökumenik, II, Paderborn 1986.

1948: Menschenrechte
W. Huber – H.E. Tödt, Menschenrechte. Perspektiven einer menschlichen Welt, Stuttgart 1977. *E.W. Böckenforde – R. Spaemann* (Hg.), Menschenrechte und Menschenwürde, Stuttgart 1987. *Missio* (Hg.), Kirche und Menschenrechte, Aachen-München 1988.

1955: Bandung-Konferenz
P. Gheddo, Die farbigen Völker erwachen, Frankfurt a.M. 1958. *H. Bräker*, Der Weg nach Asien, Olten 1978.

1962: Johannes XXIII
P. Hebblethwaite, Johannes XXIII. Das Leben des Angelo Roncalli, Zürich 1986. *Johannes XXIII.*, Geistliches Tagebuch, Freiburg i.B. 1964.

1988: Michail Gorbatschow
M. Gorbatschow, Perestroika – Die zweite russische Revolution. Eine neue Politik für Europa und für die Welt, München 1987. *Ch. Schmidt-Häuer*, Michail Gorbatschow, München [5]1987.

Hermann-Josef Silberberg

Vom Glück des Betens

Eine Gebetsschule

111 Seiten. Gebunden

Mit dieser Gebetsschule können sowohl im Gebet Erfahrene als vor allem auch seelisch Suchende erneut vom Glück des Betens berührt werden.

Dieser spirituelle Leitfaden erschließt an Hand vieler praktischer Vorschläge den großen Schatz christlichen Betens. Scheinbar veraltete Gebetsformen werden als höchst vitale Lebensbegleitung erfahren.

Kösel-Verlag München

Hermann Kirchhoff

Sympathie für die Kreatur

Mensch und Tier in biblischer Sicht

98 Seiten. Kartoniert

Ist das Christentum im Verbund mit westlicher Zivilisation schuld an der Gefährdung der Kreatur durch den Menschen?

In Auseinandersetzung mit dieser Anfrage und bewegt von realer Bedrohung zeichnet dieses Buch ein biblisches Gegenbild: Könnte der Mensch nicht als Bild des guten Schöpfers sein Verhältnis zur Natur, zur Tier- und Pflanzenwelt befrieden?

Hermann Kirchhoff

Urbilder des Glaubens

Haus – Garten – Labyrinth – Höhle

126 Seiten. Kartoniert

Urbilder – in Religionen und Kulturen seit alters aufbewahrt – prägen und stützen unser Leben. Sie führen uns über den Alltag hinaus. Auch das Christentum lebt aus der Kraft dieser Bilder.

Die Urbilder Labyrinth, Höhle, Haus und Garten werden religionsgeschichtlich und biblisch aufgeschlüsselt. Ihre Bedeutung für ganzheitliche Religiosität heute leuchtet auf.

Kösel-Verlag München